LA T
ARBUSTES
D' ORNEMENT

Robert FRITSCH

Officier du Mérite Agricole

EDITIONS **S.A.E.P.** INGERSHEIM 68000 COLMAR

L'art de tailler pour le plaisir est aussi vieux que notre civilisation occidentale, issue de Rome et des pays méditerranéens.

Au temps d'Auguste, le chevalier C. Mattius s'était fait une réputation dans le modelage qu'il savait imposer aux ifs et aux buis en leur donnant forme et silhouette pittoresques.

A l'époque arabe, au IXe siècle, Makrisi nous décrit ainsi les parterres de borderies d'El Katai, près du Caire, où les plantes odoriférentes imitaient les caractères coufiques : "Le semis formait un dessin préparé et des écritures ; le jardinier y appliquait soigneusement le sécateur pour qu'une feuille ne dépassât pas l'autre".

La Renaissance italienne a magnifié cet art topiaire. A Florence, l'architecte-paysagiste Léon Battista Alberti (1404-1472) élabore pour Giovanni Rucellai tout un monde végétal taillé selon des formes géométriques ou figuratives, où le regard trouvait "une consolation que la plume ne peut décrire" (Villa Quaracchi).

En France, Le Nôtre installera ses broderies au châteaux de Vaux à partir de 1656, puis à Versailles dix ans plus tard. Son neveu, Claude Desgots, en fera autant au château de Champs (Seine et Marne) au seuil du XVIIIe siècle (1710). Cabinets de verdure et labyrinthes aux charmilles dressées verdissent un peu partout en Europe aux XVIIe et XVIIIe siècle.

Mais l'art de tailler ne s'applique pas qu'aux buis et aux ifs. La plupart des arbres ou arbustes à fleurs ou à feuillage appellent un contrôle pour leur équilibre et leur productivité. On peut même dire que plus le jardin est petit, plus les arbustes sont à maîtriser, les haies à tailler, les arbres à rajeunir. Ce petit ouvrage a pour but de rappeler les notions essentielles d'une telle pratique. Consultez-le à loisir : chaque page peut vous apporter une idée.

LES DIFFERENTES SORTES D'ARBUSTES D'ORNEMENT

Pour bien employer les plantes auxquelles on a affaire, même pour le décor d'un jardin, il faut d'abord les connaître et avoir tout au moins une idée de leur forme et de leur taille. Même en ne considérant que les arbustes d'ornement, il en existe une foule de formes et d'aspects, et prendre l'un pour l'autre n'est guère indiqué dans un jardin un tant soit peu ordonné. Essayons donc de clarifier les idées à leur sujet, en présentant les principales catégories.

Les différentes sortes d'arbustes d'ornement

D'APRES LA HAUTEUR DES ESPECES

On peut choisir les différents ligneux d'ornement comme suit :

LES SOUS-ARBRISSEAUX

Ils forment la catégorie la plus basse. Laissés libres, certains pourraient atteindre 1 mètre de hauteur, mais leur taille est souvent plus réduite et permet de les employer en bordures ou en massifs de basse taille. Les exemples que nous citons ne sont pas toujours décrits dans cet ouvrage, où le nombre est forcément très limité, mais il est bon de faire figurer le plus de noms possibles quand on traite d'un sujet spécialisé. Pour rester pratique, nous partageons ici les sous-arbrisseaux en trois séries, suivant leur emploi :

Sous-arbrisseaux pour bordures

On peut créer des bordures avec de nombreuses petites espèces ligneuses, qui ont l'avantage de perdurer d'une année à l'autre.

Buis nain de bordure • Fusain nain de bordure, soit vert, soit panaché • Germandrée petit-chêne • Petite Lavande officinale dans le Midi • Santoline • Thym farigoule dans le Midi de la France.

> **Sous-arbrisseaux :**
>
> Catégorie des espèces ligneuses les plus basses, n'atteignant guère 1 mètre de hauteur, souvent 20 ou 30 centimètres. Ex. : Le Millepertuis à grandes fleurs, la Santoline, le Thym farigoule.

Hypericum.

Les différentes sortes d'arbustes d'ornement

Sous-arbrisseaux couvre-sol

D'autres espèces ont un port trop étalé pour servir de bordures, mais sont utilisables pour couvrir les talus, les sous-bois ou des massifs divers. On peut recommander parmi eux :

Chèvrefeuille étalé • Cotoneasters de basse taille • Lierre en ses différentes sortes • Millepertuis à grandes fleurs • Pervenche • Raisin d'Ours.

Sous-arbrisseaux à massifs

D'autres sous-arbrisseaux, ne convenant ni pour bordures, ni comme couvre-sol, peuvent s'utiliser en massifs de basse taille, ou au premier plan de bosquets, ou comme haies vertes ou fleuries, ou en isolés dans les jardins de rocailles, etc. :

Berberis divers de formes basses • Bruyère des neiges • Cotoneasters divers de formes basses • Cytises de basse taille • Daphne cneorum • Fragon ou Petit-Houx.

Forsythia.

LES ARBRISSEAUX

Les arbrisseaux proprement dits, n'excédant guère 3 mètres de hauteur et toujours ramifiés dès la base, peuvent se classer suivant l'usage en :

Arbustes à fleurs

Beaucoup d'espèces ornementales se recrutent dans cette catégorie, formant des buissons fleuris du type Rosier ou des gerbes jaillissant de la souche comme le Seringat ou le Corète. Citons parmi eux :

Abélia • Arbre à perruque • Argousier • Baguenaudier • Berbéris de Thunberg • Buddléia • Buisson de beauté • Callicarpa • Céanothe bleu 'Gloire de Versailles' • Chimonanthe précoce • Cognassier du Japon • Corète du Japon • Cornouiller blanc argenté • Cotoneaster à feuilles de Saule • Deutzia hybride • Forsythia • Hortensia • Lespédéza • Leycesteria • Mahonia • Pivoines en arbre • Rosiers hybrides de Thé • Rosiers polyanthas • Seringat • Spirées diverses • Viornes diverses • Weigelia.

Cotoneaster.

Toute cette série peut servir en isolés ou en haies fleuries n'excédant pas 3 mètres, gagnant à pousser en formes libres d'autant plus généreuses en floraison et naturelles d'aspect.

Haies taillées

D'autres au contraire s'utilisent en haies taillées, souvent pour leur effet de feuillage plus que pour les fleurs. On peut les distinguer en :

❑ **Haies à feuilles caduques**

Aubépine • Charmille • Epine du Christ • Epine-vinette • Prunellier.

❑ **Haies à feuilles persistantes (ou semi-)**

Buis • Chèvrefeuille pour haies • Fusain du Japon • Laurier-cerise • Mahonia • Pyracantha • Troène • Viorne à feuilles chagrinées.

❑ **Haies de conifères**

Divers plants de conifères sont employés en haies pour leur feuillage permanent :

Cyprès divers • Ifs • Thuyas divers.

Les différentes sortes d'arbustes d'ornement

LES ARBUSTES

Les arbustes, au sens strict, se classent entre les arbres et les arbrisseaux. Ils n'ont en principe pas de tronc (mais peuvent l'acquérir par une conduite appropriée en horticulture) et sont plus vigoureux que les arbrisseaux, pouvant atteindre 7 mètres de hauteur maximum. On peut aussi les conduire en formes basses ayant l'allure d'arbrisseaux. Nous trouvons dans cette catégorie des plantes buissonnantes vigoureuses et des espèces grimpantes :

❑ **Plantes buissonnantes vigoureuses**

Boule-de-neige des jardins • Chalef à ombelles • Cornouiller de Floride • Cornouiller mâle • Cytise à grappes • Grenadier • Laurier-sauce • Lilas • Magnolia de Soulange • Pommier hybride 'Evereste' • Staphylier • Tamaris.

Clématites.

Lilas.

❑ **Plantes grimpantes**

Akébia • Clématite de Jackman • Chèvrefeuille grimpant • Clématite rose à petites fleurs • Glycine • Renouée grimpante • Rosiers grimpants • Trompette de Virginie • Vigne-vierge de Veitch.

Les différentes sortes d'arbustes d'ornement

LES ARBRES D'ORNEMENT

Leurs troncs ligneux peuvent atteindre plus de 6 ou 7 mètres de hauteur et sont pourvus d'une tige principale au tronc dégarni de branches :

Arbres de faible taille

Nous ne faisons ici que citer des arbres de faible taille les rapprochant des grands arbustes au moins par la dimension :

Arbre de Judée • Aubépine à fleurs doubles rouges • Catalpa • Cerisier à fleurs du Japon • Clérodendron de pleine terre • Copalme d'Amérique • Cornouiller mâle • Erable pourpre du Japon • Houx commun • Laurier-sauce • Pommier floribond • Pommier à fleurs d'Aldenham • Sumac.

Arbres pleureurs

Les arbres pleureurs forment une catégorie bien nette, dont nous citons parmi ceux qui portent des fleurs :

Cerisier pleureur du Japon • Saule marsault pleureur • Sophora pleureur • Sorbier des oiseaux pleureur.

Certains résineux ont également des formes pleureuses très pittoresques :

Cèdre pleureur de l'Atlas • Epicéa pleureur • Séquoia pleureur.

Arbres en colonnes

Les arbres en colonnes ou fastigiés permettent des effets spéciaux. On peut citer parmi eux ceux qui sont susceptibles d'un effet de floraison :

Cerisier fastigié 'Amanogawa' • Robinier fastigié à fleurs blanches • Robinier fastigié à fleurs roses • Sorbier des oiseleurs fastigié.

OU EMPLOYER LES ARBUSTES D'ORNEMENT ?

Les arbustes d'ornement peuvent s'employer de nombreuses façons, à tel point qu'on peut créer des jardins avec leur seule présence. Un parc à l'anglaise, même de faible dimension, peut se concevoir avec leur seul secours, et inversement une roseraie de grande surface peut s'établir grâce à la diversité des formes de rosiers. On ne sera donc guère embarrassé pour meubler un coin de jardin, mais encore faut-il placer l'arbuste convenable au bon endroit. Nous donnons ici quelques idées sur la diversité des modes d'utilisation.

LES BORDURES

Les bordures de buis nains ou de plantes équivalentes sont d'un grand secours pour garder aux allées droites leur alignement. Faciles à mettre en place avec de jeunes boutures racinées, alignées au cordeau, il suffit de les tailler une fois par an pour les maintenir en forme. On peut aussi cerner de buis les massifs ronds de rosiers ou certaines plates-bandes à fleurs. Les jardins à broderies furent à la mode au XVIIe siècle : à l'aide

Où employer les arbustes d'ornement ?

de buis nains on dessinait toutes sortes de motifs, en garnissant les vides avec des matériaux fins d'origine minérale : sables de couleur, briques ou ardoises pilées, gravillons teintés. Pourquoi ne pas utiliser de telles formules avec des remplissages de fleurs à massifs ou de gravillons de verre ou de marbre colorés ?

A l'aide de buis nains, on dessinait toutes sortes de motifs...

LES MASSIFS D'ARBRISSEAUX EN PLATES-BANDES

Les massifs d'arbrisseaux en forme de plates-bandes, dont le type est le Rosier à grandes fleurs, vous éviteront de replanter chaque année des fleurs annuelles. On emploie pour un tel usage, outre les différents rosiers hybrides de Thé, floribundas et polyanthas, des espèces ligneuses comme la Spirée bumalda Anthony Waterer, le Millepertuis moserianum, les Berberis nains à feuillage persistant, les Cotoneaster, les Pommiers du Japon (Chaenomeles), etc.

LES MASSIFS D'ARBRISSEAUX EN FORME LIBRE

Les massifs d'arbrisseaux ou d'arbustes plantés en forme libre font de l'effet sur une grande pelouse. Groupez les plants en chiffre impair, par 3, 5, 7, etc., en utilisant leur floraison (Forsythias, Spirées) pour animer un gazon vert, ou leur feuillage de couleur pour varier plusieurs groupes installés sur une grande pelouse (feuillage pourpre des Noisetiers ou des Arbres à perruque, des Pruniers de Pissard ou Erables du Japon ; feuillage jaune des Sureaux dorés, des Erables japonais dorés, etc.).

EN ISOLÉS

En isolés, on peut planter de nombreux arbrisseaux ou arbustes à grand effet, surtout ceux qui ne supportent guère d'être mêlés à d'autres, comme les Magnolias à fleurs printanières, les Clerodendrons, les Kolkwitzias, les Cytises à grappes longues, etc. On utilise aussi en isolés certains ligneux sur tronc, comme les Cerisiers du Japon, les Pommiers à fleurs, les Aubépines à fleurs doubles, les Arbres de Judée, etc.

LES ARBRES PLEUREURS

Les arbres pleureurs sont à isoler pour leur effet de floraison (Rosiers pleureurs, Cerisiers pleureurs du Japon, Saule marsault pleureur, etc.), soit pour leur feuillage (Hêtre, Sophora, Mûrier pleureurs). Par leur grand développement au bout de quelques années et le tuteurage de leur charpente, ils peuvent servir de salle d'ombrage.

LES TALUS

Les talus peuvent être habillés de plantes couvre-sol ou d'arbustes étalés tels que le Cotoneaster horizontal ou certains Berberis à feuillage persistant.

LES PLATES-BANDES

En plates-bandes cultivées en fleurs annuelles ou autres, il est souvent d'un heureux effet d'introduire une ligne d'arbustes sur tige espacés tels les Rosiers-

Cèdre pleureur.

tiges, les Cotoneasters, les Viornes, ou d'autres espèces à fleurs ou à fruits greffées sur tige. Même les Fuchsias ou les Daturas en arbre, qu'il faut cependant protéger l'hiver en orangerie, font un grand effet sur tiges placées en alignement sur une plate-bande de fleurs.

LES HAIES FLEURIES

Les haies fleuries s'emploient le long d'un grand mur, ou en fond de tableau dans un parc. La forme libre est alors laissée à ces plantes, leur mise à fleur ne supportant pas une taille carrée. Tels sont de nombreux buissons comme le Buddléia, le Chimonanthe, le Baguenaudier, le Seringat, etc.

Troène panaché.

Potentille fruits Goldfinger.

LES HAIES TAILLEES

Elles sont plutôt faites avec des espèces à feuillage, soit caduc comme le Charme ou le Berberis de Thunberg, soit persistant comme le Laurier-cerise ou les résineux.

LES RIDEAUX D'ARBRES

Les rideaux d'arbres s'obtiennent avec des ligneux en colonnes, tels que le Robinier fastigié, le Peuplier d'Italie, etc. On peut en avoir besoin dans certains cas précis, pour amortir par exemple le bruit venant d'une circulation routière intense.

LES CABINETS DE VERDURE

Les cabinets de verdure étaient employés aux siècles passés dans les parcs : ils sont constitués de murs de feuillage taillé disposés en carré ou en salles et allées parfois concentriques à la manière d'un labyrinthe. On obtient de tels effets avec la Charmille, l'If ou le Buis.

L'ART TOPIAIRE

L'art topiaire utilise ces mêmes plantes pour créer des formes spectaculaires, souvent à figuration d'animal ou d'autres silhouettes pittoresques. L'If se prête facilement à ce jeu, et les anglais en ont tiré des jardins célèbres figurant des forteresses médiévales, des animaux variés, des personnages ou des objets d'un effet surprenant. Beaucoup de vieilles demeures françaises, remontant aux siècles passés, possèdent également des Ifs ou des Buis taillés en formes entretenues aux cisailles.

LES PLANTES GRIMPANTES

Elles s'emploient avec bonheur sur les murs de maison, les clôtures, les tonnelles, les pergolas, les pylones. Certaines, comme les Rosiers sarmenteux ou les Lierres, peuvent également s'utiliser en festons pendus d'un pylone à l'autre le long d'une grande allée. Les Rosiers grimpants ou sarmenteux se prêtent à tous ces décors, ainsi que d'autres espèces comme les Renouées, les Clématites, les Chèvrefeuilles, les Akébia, etc.

Rosiers Comtesse Vandal.

L'OUTILLAGE

De nos jours les outils servant à la taille se sont multipliés et perfectionnés, si bien qu'on possède un grand choix pour chaque espèce d'entre eux, à savoir les sécateurs, les cisailles pour haies, les ébrancheurs, les scies et les serpettes.

Il est important de les choisir correctement, en ne lésinant pas sur le prix, et de les entretenir par la suite. Il est utile d'en prendre une connaissance détaillée.

LES SECATEURS

Les sécateurs sont indispensables pour la plupart des opérations de taille. Les arbres et les arbustes étant nombreux et variés, on a dû adapter pareillement ce genre d'outil le plus employé. Vous en trouverez donc dans le commerce des modèles forts et des modèles plus légers, des types à une lame et des types à deux lames, des petits ou des grands formats. Le sécateur doit aussi s'adapter à votre main : n'achetez pas les modèles trop forts, trop durs pour l'effort d'une main normale ou plus fine. Les petits modèles sont souvent suffisants pour les opérations légères : boutures ou taille des tiges fines et des brindilles.

- Le modèle normal à une seule lame coupante, type Pradines, Felco ou Emjy, comprend la lame et la contre-lame plus épaisse sur laquelle s'appuie la branche de l'arbre ou de l'arbuste. Les différences entre ces marques consistent en la qualité de l'acier, le serrage de l'écrou, la nature des ressorts ou des fermoirs, l'habillage et le galbe des branches de l'outil. La principale qualité demeure la valeur de la lame coupante, qui doit être en acier trempé ne s'émoussant pas rapidement. Lorsqu'on se sert d'un tel sécateur, le plus employé, pour couper une branche au-dessus d'un bourgeon, il faut toujours placer la lame coupante du côté du bourgeon, et non la contre-lame, pour éviter de machurer la coupe.

- Le modèle à deux lames, de type italien (à deux lames égales) ou américain (à deux lames inégales), comporte deux lames coupantes ne se croisant pas. Il exige un effort plus fatigant lorsqu'on taille de nombreux plants. Les modèles les plus forts permettent de couper des branches de 2 cm de diamètre.

Il ne faut jamais employer le sécateur en forçant sur des branches trop fortes. Utilisez dans ce cas les scies.

Après la taille, on nettoie l'outil en le désinfectant à l'alcool, puis l'on graisse légèrement les parties fonctionnelles pour les protéger et faciliter leur emploi.

En cas de lame émoussée, on peut affûter celle-ci sur une meule de grès mouillée, tournante ou non, puis l'on termine en affilant sur une pierre à aiguiser, également mouillée. Il faut veiller à ce que la lame affûtée s'applique bien à plat sur la contre-lame, et l'aiguiser en conséquence.

LES CISAILLES

Bien que les cisailles ne servent pas habituellement dans la taille fruitière, elles jouent un rôle important dans la taille des haies et des brise-vent. On en fabrique aussi des modèles à très longs manches et à lames courtes, servant chez les arbres fruitiers à atteindre les branches hautes, ou à remplacer le sécateur pour certains bois durs.

On fabrique de nos jours des cisailles à haies électrifiées, mais les cisailles à main sont toujours utiles pour la plupart des emplois. Elles se composent de deux lames tranchantes à la manière des ciseaux. Les manches sont en bois ou en métal soigneusement plastifié. Comme pour les sécateurs, on a réduit de nos jours le format des cisailles et il existe des modèles pour petites haies et sous-arbrisseaux qu'on peut tenir dans une seule main.

L'affûtage des cisailles se fait en principe sur une meule de grès tournante.

LES EBRANCHEURS

Les ébrancheurs sont des sécateurs à longs manches (jusqu'à 3,5 m) dont une seule des lames est mobile et actionnée à l'aide d'un long fil. Ils permettent de couper des branches de faible taille très haut placées.

LES SCIES

Les scies s'utilisent partout où le bois est trop fort pour le sécateur, c'est-à-dire dépassant 2 ou 2,5 cm. de diamètre. Il existe tout un éventail de modèles de scies pour l'arboriculture ; il faut éviter de faire appel aux scies de menuisiers, de charpentiers ou de bûcherons dont la voie et les dents ne sont pas adaptés aux branches devant survivre.

Normalement, la scie de l'arboriculteur est une égoïne à lame et à poignée légèrement arquées. Les dents sont simples et triangulaires, suffisamment espacées pour pénétrer facilement dans le bois vert (des dents fines ou trop rapprochées bourrent très vite en ne pouvant évacuer la sciure). Il faut périodiquement réaffûter la lame. Pour cela, on la serre dans un étau, les dents en l'air, en la plaçant entre deux planchettes destinées à amortir les grincements. On aiguise chaque dent individuellement avec une lime triangulaire dite tiers-point. Puis l'on donne de la voie aux dents en les courbant légèrement l'une à droite, la suivante à gauche, pour leur permettre une morsure plus large dans la branche à sicer et faciliter le sciage, surtout sur les branches très épaisses. Pour donner de la voie, on utilise un outil spécial, appelé tourne-à-gauche, formé d'un disque de métal dur portant des fentes pour pincer les dents.

Un autre modèle de scie égoïne est celle à lame plus large dentée sur les deux côtés, l'un à dents triangulaires normales, utile pour le bois sec, l'autre à dents plus larges servant pour le bois vert.

Une scie à lame beaucoup plus étroite est la queue-de-rat, utile pour éliminer les bois morts ou branches à supprimer dans une touffe de groseillier ou autres arbustes venant en buisson.

La scie à chantourner rappelle les scies des bûcherons : elle se compose d'un arc en tube métallique sur lequel on tend à volonté la lame amovible. Elle sert à débiter les bûches et à former les piquets.

La tronçonneuse fonctionne à l'essence ou à l'électricité : elle sert à élaguer les grosses branches ou à débiter du bois. Sa manipulation est dangereuse, surtout sur l'échelle ou dans la couronne d'un arbre, et il vaut parfois mieux faire appel aux élagueurs spécialisés que de prendre des risques par manque d'entraînement.

Les lames de scie demandent aussi un nettoyage après l'emploi. Il faut les débarrasser des grains de sciure qui pourraient se transformer en réceptacles de maladies. Les nettoyer à l'aide d'un chiffon imbibé d'huile puis les désinfecter à l'aide d'un tampon d'alcool.

L'outillage

LES SERPETTES

En arboriculture, les serpettes s'utilisent pour rafraîchir une coupe imparfaite ou parer les bords d'une grande blessure avant l'application d'un enduit protecteur.

Elles sont formées d'une lame forte et rectangulaire souvent munie d'un bec acéré. Un bon couteau de jardinier, à lame large, peut la remplacer éventuellement.

Les élagueurs se servent de serpettes plus fortes capables de trancher d'un coup ou de plusieurs une branche plus ou moins forte. C'est un exercice qui demande de la force et de l'entraînement et qu'il vaut mieux laisser aux professionnels.

LA TAILLE

La taille est une opération importante pour beaucoup d'espèces ligneuses. Bien des gens ont cependant peur de cette opération, craignant par défaut d'initiation de nuire à leurs plantes. Il faut savoir que la taille des arbustes d'ornement n'est pas aussi rigoureuse que celle des arbres fruitiers, et qu'une certaine marge de sécurité ou de récupération est toujours possible. Quant à la première formation d'un arbre sur haute tige, tels les Cerisiers du Japon ou les Arbres pleureurs, elle est ordinairement assurée en pépinière et ne concerne pas le client. Il est bon cependant que chaque propriétaire d'arbustes, surtout s'il s'agit de rosiers, s'initie à la taille et ne traite pas indifféremment une catégorie pour l'autre. Pour les Rosiers, il vaut d'ailleurs mieux faire appel à un ouvrage distinct de celui-ci, les concernant eux seuls, qui donnera toutes les indications nécessaires.

En ce qui concerne la taille des arbustes en général, on peut en gros les classer en trois catégories.

ARBUSTES A TAILLE COURTE AVANT LA FLORAISON (type Rosier)

Une première catégorie exige la taille courte, qu'on opère de préférence à la sortie de l'hiver. C'est le cas des Rosiers hybrides de Thé, à grosses fleurs, qui sont les plus employés des arbustes d'ornement. Ces rosiers se présentent comme un buisson d'environ 1 mètre de hauteur, à rameaux issu d'une souche commune. La taille consiste, vers la fin du mois de février ou courant mars, à rabattre les rameaux de l'année précédente jusqu'à 10 ou 15 cm de la naissance de ces branches : ce seront les 3 à 4 yeux de cette base qui bourgeonneront pour donner les futures floraisons de l'année. L'aspect du buisson taillé est alors fortement réduit, n'offrant que 4 ou 5 cornes sur la souche. Cette taille s'applique aussi aux Rosiers polyanthas et floribundas, et même aux rosiers-tiges sur le buisson qui les couronne. Mais bien d'autres arbustes encore peuvent la subir, pour rajeunir le pied chaque année et lui permettre une meilleure floraison. Telles sont les espèces suivantes :

Agneau-chaste • Buddléia commun (non B. alternifolia, ni B. globosa) • Caryopteris • Céanothe • Clématite de Jackman • Clérodendron • Desmodium • Framboisier • Genêt d'Espagne • Grenadier • Hydrangea paniculé • Lagerstroemia • Lespédéza • Lyciet • Mauve en arbre • Millepertuis de Moser • Spirées à floraison estivale ou automnale • Spirée à feuilles de Saule • Spirée du Japon • Spirée de Waterer • Sumac • Sureau noir • Symphorine • Tamaris d'été • Trompette de Virginie.

La taille

ARBUSTES A TAILLER APRES LA FLORAISON (type Forsythia)

Les arbustes fleurissant dès le printemps, comme le Forsythia ou les Spirées prunifolia, ne peuvent évidemment pas subir la taille du Rosier à ce moment-là. On les rajeunit de suite après leur floraison, en supprimant les branches les plus anciennes pour permettre aux jeunes pousses venant sur le bas des branches de prendre le relais. Ces jeunes flèches à écorce verte se durciront au long de l'été, en s'aoûtant, et laisseront apparaître à l'entrée de l'hiver leurs boutons floraux déjà prêts pour l'année suivante.

Un certain nombre d'arbustes doivent être éclaircis de cette manière, en triant et supprimant le vieux bois pour ne laisser que les jeunes pousses. Tels sont :

Berbéris divers • Chèvrefeuille • Clématite rose à petites fleurs • Clématites hybrides à grandes fleurs • Cognassiers du Japon • Corète • Cornouiller mâle • Cornouiller de Floride • Cytise • Deutzia • Forsythia • Genêt • Groseillier à fleurs jaunes • Groseillier sanguin • Hortensia • Pyracantha • Renouée • Robinier à fleurs roses • Seringat • Spirée de Canton • Spirée bouton d'argent • Spirée de Thunberg • Spirée de Van Houtte.

La taille des Glycines, des Bignonia, des Vignes-vierges du Canada suit celle des rosiers-tiges à grandes fleurs, dont on raccourcit les rameaux pour ne conserver que leurs bases à yeux apparents. Chez la Glycine, on opère donc en fin d'hiver en supprimant les flèches longues mais en conservant les rameaux courts ou coursonnes sur lesquels les groupes de fleurs sont déjà bien visibles.

ARBUSTES A TAILLER PEU (type Pivoine en arbre)

Une troisième catégorie demande peu de taille, sous peine de supprimer la floraison. On se contente d'éliminer les branches mal venues, trop faibles ou déséquilibrant l'ensemble de l'arbuste. Chez le Yucca on supprime simplement les feuilles mortes. Tels sont :

Amélanchier • Andromède • Arbre aux anémones • Azalées • Chimonanthe précoce • Corylopsis • Cotonéaster • Cytise à grappes • Leycesteria • Mahonia • Pivoine en arbre • Potentille • Rhododendron • Skimmia • Staphylier • Yucca.

Pour exécuter la taille des branches de faible diamètre, on se sert d'un sécateur (même stérilisé éventuellement contre le feu bactérien) et bien affûté. Pour éviter de mâchurer les coupes, il faut tenir l'outil de telle sorte que le croissant, et non la lame, soit du côté du rameau à supprimer. Pour les branches âgées, déjà trop fortes pour le sécateur, on se sert d'une petite scie en queue de rat ou d'une égoïne. La scie de menuisier peut intervenir dans les arbres âgés où de fortes branches sont à élaguer comme le Saule pleureur, le Saule tortillard, les Pruniers à fleurs du Japon, etc. Une serpette est utile pour parer les plaies plus ou moins mâchurées par la scie, qu'on enduira ensuite d'un mastic cicatrisant.

Yucca vivace.

La taille

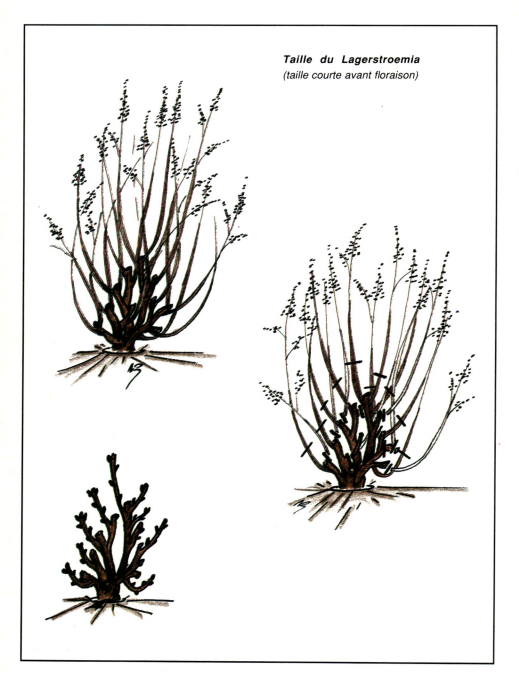

Taille du Lagerstroemia
(taille courte avant floraison)

La taille

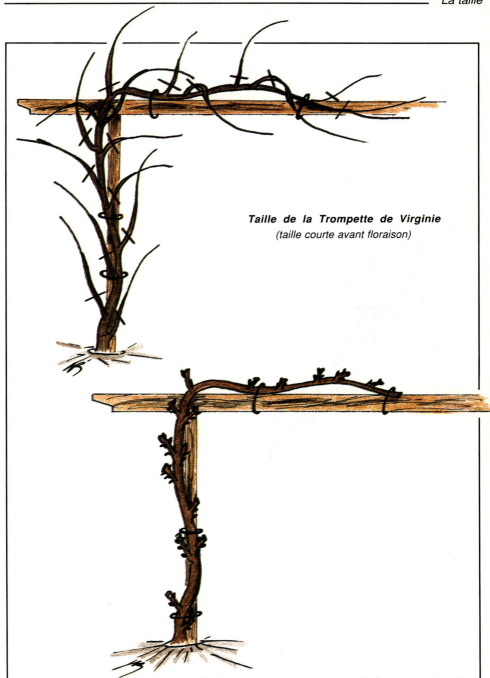

Taille de la Trompette de Virginie
(taille courte avant floraison)

La taille

Taille du Forsythia
(après floraison)

Taille de la Pivoine
(à tailler peu)

La taille

Taille du Rhododendron
(à tailler peu)

Taille du Yucca
(à tailler peu)

ATLAS

Atlas

LES PLANTES DE BORDURE

BUIS DE BORDURE
(*Buxus sempervirens* L. 'suffruticosa' 'nana')

Connue au moins depuis le XVIe siècle, cette forme naine du buis fut employée en Italie dans les jardins Renaissance, puis en France dans les jardins classiques de Le Nôtre pour les motifs en broderies. Le port très compact permet de la maintenir en taille basse de quelques décimètres de hauteur. On a intérêt de tailler sur le sommet les jeunes plants qui viennent d'être mis en place, à l'aide d'une paire de cisailles. Cela leur confère un effet immédiat. Plus tard, quand les pieds sont bien étoffés, on les émonde sur le dessus et les deux côtés une fois par an (en mars) ou deux fois (en mars et juin ou plus tard). Bien soignés, les bordures durent 10 à 12 ans et même bien au-delà de 20 ans, en les rabattant parfois très sévèrement pour les garnir par le bas (utiliser dans ce cas un sécateur). Il s'agit dans ce dernier cas d'un travail plus pénible, qui donne facilement des ampoules aux mains. Laisser faire l'ouvrage à des mains fortes ou à des équipes de travail si la longueur est importante, comme cela se pratique en Italie dans les jardins à parterres Renaissance.

FUSAIN NAIN DU JAPON
(*Evonymus japonicus* Thunb. 'microphyllus' = *E. pulchellus* Hort.)

Ce fusain à feuilles persistantes à 0,30 à 0,80 cm de hauteur et peut servir surtout à encadrer des parterres ou à border des allées. Il supporte bien la taille aux cisailles comme le Buis nain. La forme verte est la plus rustique. Celles panachées de blanc ou de jaune sont plus agréables à la vue mais plus sensibles au gel en hiver.

GERMANDREE PETIT-CHENE
(*Teucrium chamaedrys* L.)

Ce sous-arbrisseau de la famille des labiées, à fleurs rose pourpre et feuilles persistantes à contour lobé, est utilisé en bordures surtout dans l'Ouest de la France. Il peut se tailler comme le Buis ou demeurer libre. Sa résistance au sec est supérieure à celle du Buis et peut donc le faire conseiller dans les sols arides et calcaires.

SANTOLINE
(*Santolina chamaecyparissus* L.)

Ce sous-arbrisseau de la famille des composées est précieux en horticulture pour figurer des motifs plus raffinés que les précédents, tels que ceux utilisés en mosaïculture. Son feuillage fin et glaucescent se laisse tailler à angle droit même avec une forte paire de ciseaux. On l'utilise par exemple dans les jardins de ville pour cerner le contour de l'Ecu de la ville ou des motifs internes, la perennité de ses lignes permettant de les garnir au printemps, puis en été. On peut aussi s'en servir pour former des grandes lettres, à condition de veiller à la taille durant la végétation. L'espèce est cependant sensible au grand froid et à l'humidité hivernale qui la font dépérir. On peut voir des broderies en santoline sur les célèbres parterres du château de Chenonceaux (Indre et Loire).

Atlas

LES PLANTES GRIMPANTES

AKEBIA
(*Akebia quinata* (Houtt. Done)

Cette liane d'origine japonaise relève de la famille des Lardizabalacées. C'est une plante à tiges souples et ligneuses très volubiles, extrêmement envahissante, et dont il est difficile de maitriser la végétation, pouvant dépasser facilement 10 mètres de longueur.
Les feuilles semi-persistantes sont décoratives, composées de 5 folioles oblongues en éventail. Les fleurs d'un pourpre vineux, de forme trimère, viennent en petites grappes pendantes, les femelles étant les plus voyantes. L'espèce vient très bien en exposition nord, et peut se recommander pour les surfaces à garnir d'une manière dense, à condition de lui offrir des fils (ou treillis) ou des supports auxquels elle puisse s'enrouler. La taille est pratiquement nulle, mais il faut parfois la rendre sévère pour maîtriser les débordements de la plante.

ARISTOLOCHE SIPHO
(*Aristolochia sipho* l'Hérit.)

Cette liane originaire des Etats-Unis est d'une grande vigueur et d'un pouvoir couvrant généreux. Elle possède en effet de nombreuses et larges feuilles en cœur d'un beau vert foncé. Les fleurs tubuleuses, recourbées en pipes, sont peu voyantes. L'espèce convient surtout pour de grandes surfaces murales (même au Nord), les tonnelles, les treillages, les troncs d'arbres. Elle ne subit pratiquement pas de taille, et n'est qu'à maîtriser comme l'Akébia.

CHEVREFEUILLE
(*Lonicera caprifolium* L.)

Espèce vigoureuse, grimpante à tiges volubiles, à feuilles ovales caduques et fleurs odorantes groupées en têtes. Les corolles tubuleuses sont d'un blanc jaunâtre, légèrement pourprées. La taille suit celle des espèces précédentes.

Atlas

Taille du Chèvrefeuille.

CLEMATITE DE JACKMANN
(*Clematis jackmanii* T. Moore)

Arbrisseau vigoureux, à feuilles simples ou trifoliolées, à fleurs longuement pédonculées par 1 à 3, larges de 10 à 12 cm, à 4 pétales obovales d'un violet pourpré. C'est la plus robuste des Clématites à grandes fleurs. Cette plante suit la taille du rosier, c'est-à-dire qu'on la rabat court sur les rameaux ayant fleuri puis passé l'hiver : on opère en février en coupant à 30 cm du sol, au-dessus des jeunes pousses ou d'yeux prêts à démarrer. On pratique la même taille pour la série des Jackmanii telles 'Comtesse de Bouchaud', 'Gipsy Queen', 'Madame Baron-Veillard, 'Perle d'Azur', et la série des Viticella comme 'Lady Betty Balfour', 'Madame Grangé', 'Royal Velours', 'Ville de Lyon'.

CLEMATITES HYBRIDES A GRANDES FLEURS

Les variétés qui fleurissent deux fois par an comme 'Nelly Moser', 'Le Président', se taillent légèrement après que les premières fleurs sont fanées (comme les roses remontantes du type 'Queen Elisabeth').

Clématite 'Nelly Moser'.

CLEMATITES A PETITES FLEURS

Les variétés à petites fleurs qui fleurissent au printemps, comme *Clematis montana*, *Clématis alpina* et *Clematis macropetala* sont rabattues après la floraison en supprimant seulement les parties qui dépassent l'espace que la plante doit recouvrir (taille longue). Rappelons que *Clematis montana* peut couvrir jusqu'à 20-30 m2 en quelques années, et que sa taille doit donc être très discrète.

GLYCINE
(*Wisteria sinensis* (Sims.) Sweet)

Arbuste à longues tiges volubiles, s'enroulant d'elles-mêmes, à feuilles composées de 7 à 13 folioles, à fleurs mauves en grappes pendantes. La taille se pratique en mars en ne laissant que des rameaux courts montrant les jeunes boutons floraux. Au milieu de l'été, on raccourcit les longs rameaux qui se sont développés depuis la floraison. On peut aussi élever les glycines sur tige isolée (tronc) sur une pelouse en les tuteurant et en taillant court les rameaux de la couronne.

Glycine.

JASMIN BLANC
(*Jasminum officinale* L.)

Le Jasmin blanc fleurit en été en portant des feuilles à 5 ou 7 folioles et des fleurs délicieusement parfumées. Il est gélif sous les climats froids de France, mais peut s'élever à l'abri d'une véranda. L'espèce s'enroule d'elle-même autour des tuteurs ou des fils. Elle n'a pas besoin de taille : il suffit d'éclaircir les touffes lorsqu'elles sont trop compactes et de supprimer ce qui est trop âgé ou desséché pour rajeunir le pied.

JASMIN D'HIVER
(*Jasminum nudiflorum* Lindl.)

Le Jasmin d'hiver a les fleurs jaunes venant en hiver et les feuilles trifoliolées. Il est sarmenteux mais ne s'enroule pas de lui-même sur les supports ; il faut palisser les branches, de préférence en les étalant en éventail. En mars, on rabat les tiges ayant fleuri à deux ou trois yeux de leur empattement sur les branches maîtresses. Cela permet aux jeunes pousses de les relayer.

LIERRE
(*Hedera helix* L.)

Le Lierre commun est le plus rustique des Lierres. On l'emploie pour tapisser les murs orientés au nord, ou pour garnir le tronc des grands arbres de parcs. Lorsqu'il devient trop envahissant, il est bon de le rabattre en mars-avril, juste avant le bourgeonnement.

Il existe des formes panachées de jaune d'or très élégantes, comme 'Oro di Bogliasco' (jaune d'or bordé de vert), très couvrant.

Pour la culture en caisses, ou sur alignement de piliers rejoints par des guirlandes en festons pendants, préférer la variété 'arborescens' ou Lierre en arbre obtenue par bouturage de rameaux fertiles, à feuilles entières, ovales ou rhomboïdales. La taille se limite à supprimer les rameaux déviant des supports.

LIERRE PANACHE DE COLCHIDE
(*Hedera colchica* K. Koch)

Ce Lierre originaire du Caucase a les feuilles des tiges stériles largement ovales, longues de 20 à 25 cm sur 8 à 15 cm de largeur. La variété *dentato-variegata* est largement et irrégulièrement bordée de jaune pâle : c'est un beau cultivar, plus rustique que 'Gloire de Marengo' qui est vendu en pot dans le commerce floral. La taille se limite à supprimer les rameaux excédents.

RENOUEE
(*Polygonum auberti* L. Henry et *P. baldschuanicum Regel*)

Espèces grimpantes et vigoureuses à floraison blanche en nombreuses grappes écumantes, pouvant atteindre 15 mètres de hauteur. Convient pour orner les vieux murs, les treillages élevés, les tonnelles ; la chute des fleurs est cependant désagréable au-dessus des tables de jardin. La taille consiste à maîtriser l'exubérence énorme de la plante.

TROMPETTE DE VIRGINIE
(*Campsis radicans* (L.) Seem)

Arbuste vigoureux de 10 mètres de hauteur, à grandes feuilles composées et fleurs en trompettes orangées formant des bouquets. Les pousses sont garnies de crampons qui leur permettent de se fixer aux murs à la manière du Lierre. Lorsque la plante s'est formée un tronc à la taille souhaitée, les rameaux doivent être taillés très court chaque année en mars (comme chez le Rosier tige). On le rabat sur deux yeux.
Il existe certains hybrides issus de *C. radicans* et *C. grandiflora*, tel 'Madame Galen' aux larges fleurs saumonées, très florifère : cette forme moins sarmenteuse que le type radicans peut s'élever en isolé (tuteuré) sur tige en lui appliquant également la taille précoce courte.

VIGNE-VIERGE DE VEITCH
(*Parthenocissus tricuspidata* (S. et Z.) Planch.)

Arbuste grimpant vigoureux, pourvu de nombreux crampons formés de vrilles courtes terminées en ventouses adhésives. Se fixe de lui-même aux murs. Feuillage à limbes trilobés rougissant à l'automne. La taille se réduit à limiter l'excès de végétation, surtout autour des portes et des fenêtres.

Trompettes de Virginie.

Atlas

LES HAIES TAILLEES
(haies, cabinets de verdure, labyrinthes)
FEUILLUS ET RESINEUX

AUBEPINE
(*Crataegus oxyacantha* L.)

Il s'agit de l'Aubépine blanche sauvage en France, dont on peut faire des haies défensives en raison des épines de la plante. Feuilles caduques. Fleurs blanches en bouquets, décoratives, puis baies rouges attirant les oiseaux. Taille aux cisailles si les branches sont jeunes, au sécateur ou à la scie si elles sont fortes.

BERBERIS POURPRE ou EPINE-VINETTE DU JAPON
(*Berberis thunbergii* DC)

Espèce à épines et feuillage caduques d'un rouge pourpre foncé dans la variété *atro purpurea* très employée pour les haies. Végétation vigoureuse à maîtriser par une taille régulièrement entretenue, au printemps, puis en été. Attention, épines vulnérantes, surtout quand les branches sont fortes : se munir de gants en cuir pour la manipulation des branches. Taille aux cisailles si les branches sont jeunes, au sécateur ou à la scie si elles sont fortes.

Cognassier du Japon.

BUIS
(*Buxus sempervirens* L.)

Le Buis commun sert à faire classiquement des haies taillées intéressantes par leur feuillage dense et persistant. Le bois, très dur, nécessite le sécateur ou la scie égoïne si le diamètre des branches est assez fort. Des tailles plus fréquentes permettent d'utiliser les cisailles.

CAMERISIER
(*Lonicera nitida* Wils., *Chamaecerasus nitida* Hort.)

Le Camérisier à haies, aux petites feuilles brillantes et coriaces, se prête bien à la taille aux cisailles et forme de jolies haies s'il est régulièrement entretenu. Utiliser le sécateur si la haie devient trop forte et demande à être rabaissée. L'espèce est sensible aux grands gels.

CHAENOMELES
(*Chaenomeles japonica* (Thunb.) Lindl., et hybrides)

Les Chaenomeles ou Cognassiers du Japon se prêtent aux haies fleuries même taillées à l'équerre.

Ils forment des haies moyennes à planter au soleil. La floraison se produit normalement sur le vieux bois par l'intermédiaire de rameaux courts, comme chez le poirier. Il faut utiliser le sécateur lorsque les rameaux sont trop durs pour les cisailles.

CHARMILLE
(*Carpinus betulus* L.)

La charmille forme des haies semi-persistantes, où les feuilles séchées restent sur pied un certain temps pendant l'hiver. Elles se taillent à volonté en équerre ou en arrondi au sommet, mais exigent parfois le sécateur à la place des cisailles quand les rameaux sont trop forts. La charmille se prête aux cabinets de verdure qui sont des haies un peu plus hautes que la moyenne (2,50 m), ne permettant pas la vue par-dessus, et formant des salles fermées où l'on peut installer des bancs de repos à l'ombre. Ces salles furent à l'honneur au XVIIIe siècle, et l'on peut en voir dans certains parcs célèbres de France, surtout dans la moitié Nord du pays, comme au château de Cordès en Puy-de-Dôme, au parc de Caradeuc en Ille-et-Vilaine, aux jardins de Dampierre en Yvelines, etc. La charmille se prête aussi au dessin de labyrinthes, fort à l'honneur au XVIe, XVIIe et XVIIIe siècles.

CYPRES
(*Cupressus sempervirens* L., *C. arizonica* Greene)

Les Cyprès ont l'avantage de former des haies toujours vertes et de se laisser tailler à volonté. Leur emploi en haies est surtout fréquent dans le Sud de la France où l'espèce est plus adaptée que le Charme. La taille aux cisailles est possible si l'entretien est régulier.

Haie de Cyprès.

EPICEA
(*Picea abies* (L.) Karsten)

L'épicéa commun de France sert à faire des haies toujours vertes dans certaines propriétés de montagne, surtout dans le Nord-Est du pays où l'espèce prospère. Il faut planter ces résineux assez jeunes, et les soumettre à la taille vers 6 ou 7 ans, de manière à les étoffer. L'entretien régulier est nécessaire et doit se faire à l'aide de cisailles ou de sécateurs pour les branches dures.

FUSAIN DU JAPON
(*Evonymus japonicus* Thunb.)

Le Fusain du Japon, soit dans sa forme verte, soit dans ses variétés panachées, peut servir à faire des haies persistantes, car il supporte très bien la taille. Mais sa nature gélive le fait déconseiller sous les climats froids (Nord et Est de la France, Massif Central, etc.).

HOUX
(*Ilex aquifolium* L.)

Les Houx, peu employés pour les haies sans doute aussi à cause du prix de revient, sont pourtant bien adaptés à cette utilisation. Ils se laissent tailler à volonté et leur feuillage panaché ne manque pas de charme. Le type vert est assez épineux, ainsi que les formes panachées 'Madame Briot' et 'Handsworth New Silver', mais d'autres formes sont presque inermes comme les hybrides *altaclarensis* 'Lawsoniana' ou 'Golden King', ou encore 'Ovata aurea', toutes panachées de jaune.

Haie de Houx.

IF

(*Taxus baccata* L.)

L'If est classiquement employé pour les haies et se trouve communément dans les cimetières. Il forme des rideaux sombres gardant leur aspect toute l'année, d'une taille facile aux cisailles. En Angleterre, on peut voir de célèbres haies taillées, faites avec l'If, et formant des labyrinthes au dessin complexe, comme à Hever Castle (Edenbridge, Kent) ou à Longheat House près de Warminster (Wiltshire). Ce dernier labyrinthe s'étend sur 7 250 m2 et bat le record du monde avec 16 000 ifs : il n'est pourtant pas vieux et ne remonte qu'à 1978, dessiné par Russel Page pour la Marquise de Bath. Ces labyrinthes exigent un minimum de deux tailles par an à l'aide de cisailles à moteur : une première taille se fait au printemps pour freiner les jeunes pousses et une seconde au début de l'été, juste avant l'aoûtement du bois des tiges. Pour obtenir des verticales impeccables (hauteur jusqu'à 2,50 m), on se sert de fil à plomb, et pour les horizontales, on utilise le cordeau. Les courbes sont le plus souvent évaluées "à l'œil" et leur dessin exige un excellent coup de main. Outre la perfection du tracé, il est nécessaire de respecter à la plantation les distances entre les végétaux (tous les 60 cm) : au début la haie paraîtra clairsemée mais, en quelques années, avec beaucoup de patience et des tailles répétées, elle prendra forme (l'if atteint environ 1 mètre en 3 ans et près de 2 mètres en 6 ans).

Théatre en Ifs taillés.

LAURIER-CERISE
(*Prunus laurocerasus* L.)

Le Laurier-cerise ou Laurier-amande, de croissance rapide, possède l'avantage de former des haies rapidement constituées. Ses larges feuilles persistantes le font souvent apprécier, mais il faut se garder de l'installer sous climat rigoureux qu'il supporte mal, ou sur sol trop calcaire. On peut le maîtriser facilement par la taille, et son bois relativement mou se laisse bien couper au sécateur. On peut même rabattre une haie trop âgée en s'aidant de la scie. Il existe des formes à feuilles plus étroites, assez basses et compactes, telles 'Otto Luyken', qu'il vaut mieux ne pas tailler pour jouir de leur belle floraison. En Angleterre, en Cornouailles, le Laurier-cerise prospère et sert même à dessiner des labyrinthes comme à Glendurgan (Helford près de Falmouth) où l'on installa ces haies en 1833 : la taille s'exécute encore à la main, aux cisailles, des gants protecteurs étant nécessaires pour prévenir les ampoules. Il ne semble pourtant pas que le laurier-cerise soit le mieux indiqué pour de telles prouesses.

LAURIER-SAUCE
(*Laurus nobilis* L.)

Le Laurier-sauce est surtout employé pour les haies dans le Midi-méditerranéen. En Toscane, il est très utilisé en haies taillées dans les Jardins Renaissance, comme au parc Boboli de Florence. Il permet d'heureux effets de murs toujours verts et odorants. Sa nature gélive l'interdit malheureusement dans une grande partie de la France.

Haie de Laurier-tin et Laurier-sauce.

Atlas

Haie de Troènes (Ligustrum ovalifolicum).

THUYA
(*Thuya plicata* Don, *Thuya occidentalis* L.)

Les Thuyas comptent parmi les meilleurs arbres pour haies, en raison de leur feuillage dense et toujours vert, d'une belle venue. La taille est facilement supportée mais l'exécution pas toujours commode, surtout sur les haies d'une certaine importance. Outre les cisailles, il faut faire appel au sécateur pour les branches résistantes. Une échelle est souvent nécessaire et la conduite en ligne droite est parfois délicate. Il vaut mieux dans certains cas faire appel à un homme de l'art.

TROENE
(*Ligustrum vulgare* L.)

Le troène est l'un des arbustes les plus fréquents et les moins chers pour la formation des haies. Son feuillage semi-persistant résiste bien aux maladies. La taille aux cisailles se fait en mars, avant le démarrage des jeunes pousses, et peut être renouvellée durant l'été ou l'automne. Dans le cas d'une haie âgée et trop forte, il ne faut pas hésiter à la descendre plus bas en se servant du sécateur et même de la scie pour les tiges fortes, travail un peu ardu à laisser parfois aux professionnels.

PYRACANTHA

(*Pyracantha coccinea* Roem. et cv)

Les Pyracanthas forment d'excellentes haies défensives, intéressantes pour leur floraison et leur mise à fruit. On les taille à l'équerre, mais la nature assez forte de leurs branches exige le sécateur. Ils sont malheureusement sensibles au feu bactérien et font l'objet d'une surveillance sévère des Services de la Protection des Végétaux.

Buis taillés en boules et en tables.

L'ART TOPIAIRE
(silhouettes, personnages, animaux et imitation de motifs d'architecture)

L'art topiaire est vieux comme notre civilisation d'Occident et remonte à l'époque romaine. Il fut pratiqué par la suite surtout dans les pays anglo-saxons, la France, l'Allemagne et l'Italie ne lui restant pas étrangères. Les plantes ligneuses les plus utilisées sont le Buis et l'If mais d'autres espèces comme le Houx, l'Aubépine ou la Charmille s'y prêtent également.

Il faut de la persévérance et de longues années de végétation pour mener à bonne fin certaines figurations dont l'ensemble, comme en Angleterre, nous éblouit de nos jours. Il faut aussi plus d'une génération de tailleurs ou un entretien onéreux pour réussir de tels exploits, même si on ne les admire pas toujours. Et seules les grosses propriétés à l'héritage équilibré ou les jardins financés par les collectivités peuvent assumer ces frais.

En Angleterre, à Cleeve Prior Manor, on peut voir des Ifs centenaires hauts de plus de 10 mètres taillés en massifs bonshommes aux bras reliés entre eux : on les appelle les douze apôtres. A Rous-Lench Court, c'est tout un château-fort avec courtines à créneaux, tours d'angle, donjon massif et murs d'enceinte qu'on a recréé en ifs soigneusement tondus. Plus surprenante sans doute est la collection d'Ifs taillés à étages superposés en forme de soucoupes, de champignons, de pyramides du parc de Levens Hall (Westmorland) : ces formes sont entretenues depuis le XVIIe siècle ! Et bien d'autres parcs anglais, comme celui de Compton Wynyates, dans le Warwickshire, peuvent rivaliser avec ce dernier.

Citons aussi les réalisations italiennes d'esprit Renaissance. La Toscane est riche en parcs utilisant le décor de haies taillées et architecturées : près de Florence, la villa Capponi, à Arcetri, arrondit de nombreux cabochons sur des haies de buis taillés en boules, en cônes, en murs à ressauts et en hémicycle aux arcades ouvertes servant de fond au jardin ; à Marlia, près de Lucques, comme à la villa Guicciardini de Sesto-Fiorentino (près de Florence), un théâtre en ifs taillés en panneaux symbolise le génie italien de la mise en scène. Cet art de la taille est encore intégré architecturalement dans la structure du jardin. On ne peut en dire autant des élaborations anglaises, déjà traitées en hors-d'œuvres, et la dégénérescence en motifs sophistiqués, totalement isolés de tout contexte, n'a fait que déprécier, plus tard, cet apport de la taille.

Il est souhaitable, autant que possible, de maintenir l'intégration d'un motif topiaire dans l'ensemble d'une présentation.

Nous conseillons donc de s'exercer d'abord sur le dessus d'un mur de verdure, par exemple en l'infléchissant en festons successifs séparés par des sphères, ou à planter un futur motif topiaire au centre d'une corbeille ronde ou ovale. Si ce motif doit imiter un animal ou un personnage, une armature de fer est nécessaire pour y lier les branches les plus souples qui se développent ainsi suivant la silhouette désirée : la taille fine aux cisailles entretiendra au fur et à mesure le galbe exigé. Cela demande évidemment du temps et de la persévérance.

Ifs taillés.

Atlas

Abelia floribunda.

LES HAIES LIBRES

On appelle haie libre une haie en principe non taillée d'une manière régulière dans le but d'en faire un mur ou une clôture rectiligne. Les arbustes y ont des formes naturellement libres, tout en pouvant être soumis à une taille de production, comme les Buddléias ou les Forsythias... Il existe de nombreux arbustes favorables à cet esprit et qu'un alignement met plus en valeur que s'ils étaient isolés. Nous en citons une vingtaine de genres mais les espèces sont bien plus nombreuses.

ABELIA
(*Abelia grandiflora* (André) Red.)

Arbrisseau de Chine à petites feuilles persistantes se teintant de pourpre à l'automne ; fleurs nombreuses tubulées-évasées, d'un blanc rosé. L'espèce peut en fait se tailler en haie carrée, mais la forme libre est plus généreuse en floraison, surtout en été et jusqu'aux gelées, où les branches aoûtées, longues jusqu'à 2 mètres, se dont développées en gerbes. On peut tailler d'une année à l'autre, assez bas, les branches dégingandées ou trop vieilles, pour rééquilibrer et rajeunir le pied mais garder les jeunes pousses longues.

AUCUBA
(*Aucuba japonica Thunb.*)

L'Aucuba aux feuilles persistantes, vertes ou marbrées de jaunes, peut servir à des alignements libres où il fait plus d'effet que taillé. Il craint le soleil brûlant et vient bien à mi-ombre. Une taille légère des branches trop longues peut maintenir l'équilibre et le port compact des plants. L'espèce est dioïque et il faut planter les deux sexes pour une mise à fruit correcte.

BERBERIS
(*Berberis chenaultii Chenault, Berberis julianae Schneid., Berberis manipurana Ahrendt, etc.*)

Beaucoup de Berberis peuvent servir à établir des haies libres en les installant à l'écart des sentiers ou des allées, car leurs épines vulnérantes sont toujours désagréables au contact. Ils sont décoratifs par les feuilles, les fleurs et les fruits. La taille est pratiquement nulle mais il est bon de rajeunir les vieux pieds en supprimant à la base les troncs âgés. Les pieds rejettent facilement de souche. Se munir de gants de jardin pour toutes les opérations de taille. Pour l'esthétique de ces haies, on a intérêt à alterner deux variétés tout au long de l'alignement.

BUDDLEIA
(*Buddleia davidii Franch.*)

Les Buddléias comptent parmi les espèces faciles de culture, pouvant même se contenter de sols pauvres, secs et calcaires. Ils n'aiment pas la taille en forme de haies mais doivent être rabattus sévèrement chaque année, à la sortie de l'hiver (taille courte du Rosier) pour rajeunir leur branchement. Un alignement de différentes couleurs, ou mieux en deux couleurs alternées, peut faire beaucoup d'effet. Avec l'âge, les troncs deviennent trop durs et l'on est obligé de tailler sur le jeune bois un peu plus haut. Il s'établit ainsi une charpente basse qu'il faut essayer de maintenir le plus sévèrement possible, la plante ayant tendance à se dégingander avec le temps.

Buddleia.

CHEVREFEUILLE
(*Lonicera X amoena* Zab., *Lonicera chrysantha* Tucz., *Lonicera deflexicalyx* Batal, *Lonicera korolkowii* Stapf., *Lonicera maackii* (Rupr.) Maxim., *Lonicera morrowii* A. Gray, *Lonicera tatarica* L., *Lonicera xylosteum* L.)

Il existe toute une série de Chèvrefeuilles en arbustes dressés dont le caractère commun est d'avoir des rameaux creux et des feuilles caduques opposées, souvent pubescentes.
Les fleurs abondantes sont décoratives chez la plupart d'entre eux, ainsi que les fruits. La taille qui est effectuée après la floraison se borne en principe au nettoyage, en supprimant les branches mortes et celles très grêles qui partent en flèches en déséquilibrant l'ensemble. Comme pour les Berberis, on a intérêt à alterner deux variétés tout au long de l'alignement.

CORNUS
(*Cornus alba* L.)

Le Cornouiller de Sibérie atteint 2 à 3 mètres et peut former de belles haies à feuillage coloré. Il faut éviter ici le mélange des variétés et garder une panachure uniforme tout au long de la ligne. La taille est celle du rosier : en février ou mars on rabat les tiges de l'année précédente à quelques centimètres au-dessus du sol. Avec le temps, la charpente taillée devient trop dure et il faut rabattre sur deux yeux (opposés) les jeunes pousses qui sont venues dessus.

COTONEASTERS
(*Cotoneaster bullatus* Bois., *dielsianus* Pritz., *divaricatus* Rehd. et Wils., *frigidus* Wall., *henryanus* (Schneid.) Rehd. et Wils., *lacteus* W.W. Sm, *pannosus* Franch., *salicifolicus* Franch., tous à fruits rouges et feuillage caduc ; *Cotoneaster moupinensis* Franch. à fruits noirs et feuillage caduc ; *Cotoneaster franchetii* Bois., *Cotoneaster simonsii* Baker à fruits rouges et feuillage persistant)

Les Cotoneasters pour haies élevées, citées dans cette liste, sont tous intéressants pour leur feuillage, leurs fleurs et leurs fruits. Un bon éclairage leur est nécessaire pour la mise à fruits. La taille est pratiquement nulle et consiste à rééquilibrer certaines branches trop longues ou mal venues. Utiliser autant que possible une seule variété par ligne.

Cornouiller blanc panaché (Cornus alba).

FORSYTHIA
(*Forsythia X intermedia* Zab., *Forsythia suspensa* (Thunb.) Vahl.)

Les Forsythia aux floraisons jaunes printanières sont toujours appréciés, même en nombre. Leur alignement d'une seule espèce ou variété est conseillé. La taille doit se faire après la floraison, en supprimant la plus grande partie des branches ayant fleuri (celles surtout qui sont ramifiées), afin de provoquer à leur base le développement des pousses de remplacement. Ces pousses à feuilles verdiront pendant l'été puis, une fois aoûtées, seront capables de fleurir l'année suivante.

Forsythia.

HIBISCUS
(*Hibiscus syriacus* L.)

Les Hibiscus ou Mauves en arbres sont précieux pour leur floraison estivale, aux tons bleus, blancs ou roses. Les fleurs apparaissent, comme chez le rosier, sur les pousses de l'année, et la taille doit suivre celle du Rosier. On taille donc court les Hibiscus, en mars, en rabattant chaque année les jeunes pousses. Les exemplaires âgés peuvent monter jusqu'à 2 mètres. On peut varier les teintes sur une même ligne, mais un rythme alterné est plus conseillé, avec seulement deux ou trois variétés.

Hibiscus.

HORTENSIA
(*Hydrangea hortensis* Sm)

Les Hortensias aux teintes bleues, blanches ou rouges se cultivent aisément, de préférence à mi-ombre ou au pied d'un mur exposé au nord. La couleur franchement rose ne se maintient en éclat que si le pH du sol est nettement basique ; s'il passe à 6,5 les sépales virent au violet dans un aspect peu agréable. Les teintes franchement bleues ne sont conservées qu'en terre acide, de pH 5, comme en Bretagne ou en sous-bois de Pins. Elles peuvent être maintenues ou accentuées si on arrose les plantes au sulfate d'aluminium ou à l'alun d'ammoniac, à 5 ou 7 g. par litre d'eau.

La taille des Hortensias est délicate : ne pas descendre les rameaux ayant fleuri et pourvus, un peu plus bas que les fleurs fânées, de gros boutons de remplacement, mais supprimer simplement les corymbes défleuris, à l'arrière-saison (novembre) en les coupant au-dessus des deux gros bourgeons les plus haut placés. On nettoie le reste du pied en éliminant jusqu'à l'empattement tout ce qui n'est pas de force à fleurir : les brindilles malingres, les rameaux cassés. Il est sans doute plus esthétique de ne maintenir qu'une variété sur l'alignement.

HYDRANGEA
(*Hydrangea arborescens* L., *Hydrangea aspera* D. Don, *Hydrangea quercifolia* Bartr.)

Les Hydrangéas mériteraient plus d'intérêt pour la formation de haies fleuries. Leur feuillage ample et leur corymbes originaux, teintés de bleu chez *Hydrangea aspera*, méritent l'attention. On peut en former des haies unicolores placées à mi-ombre, en lieu frais. La taille est celle des Hortensias, en préservant le jeune bois à gros bourgeons terminaux.

HYDRANGEA PANICULE
(*Hydrangea paniculata* Sieb.)

Cet Hydrangea aux superbes panicules blanches, pareilles au Lilas, est originaire de Chine. Il exige un sol frais exempt de calcaire. Très rustique, il subit la taille courte du rosier, à la sortie de l'hiver. D'une année à l'autre, cette charpente basse va se surélever, comme chez le Buddléia ou l'Hibiscus, car on ne peut rabattre que les rameaux jeunes venus sur le vieux bois.

Hortensia.

Hydrangea paniculé.

Lilas.

LILAS
(*Syringa vulgaris* L.)

Le Lilas peut servir à faire des haies fleuries de grand effet. Nous citons ici l'espèce principale qui comprend de nombreux cultivars, mais il existe d'autres lilas dont l'originalité mériterait l'emploi. Les cultivars de *vulgaris* se taillent normalement en plusieurs étapes. Quand les pieds ont fini de fleurir, on supprime les thyrses juste au-dessus des deux bourgeons développés un peu plus bas qu'eux. Ces bourgeons sont prêts pour la floraison de l'année suivante, comme chez les Hortensias, et il ne faut surtout pas les supprimer. La taille de nettoyage ultérieure, en automne, consiste à supprimer du buisson les branches malingres ou mal placées, et à rééquilibrer l'ensemble (écimage des cimes les plus hautes, éclaircissage des ramures trop touffues). On conserve en tout cas les rameaux à gros bourgeons terminaux, déjà nettoyés de leurs fleurs fânées.

Pour les autres espèces, on peut aussi essayer les formes chinoises *Syringa X chinensis* (dit Lilas de Rouen) aux panicules mauves ou blanches fines comme de la dentelle, *Syringa X josiflexa* J.S. Pringle qui est un hybride entre *Syringa josikaea et Syringa reflexa* possèdant de longues fleurs tubulées, *Syringa laciniata* Mill. aux feuilles d'abord découpées, *Syringa microphylla* Diels aux fines floraisons parfumées venant en juin puis en septembre, *Syringa reflexa* Schneid. aux panicules retombantes à fleurs bicolores, ou *Syringa tomentella* Bur et Franch. aux fleurs lilas rosé en dehors, blanches à l'intérieur. La taille de ces lilas doit être discrète et ne devrait consister qu'en nettoyage comme pour *Syringa vulgaris*.

MAHONIA
(*Mahonia aquifolia* (Push.) Nutt.)

Les Mahonias aux fleurs jaunes, suivies de baies bleues, sont rustiques et décoratifs. Leur taille se réduit à supprimer le bois trop vieux ou trop allongé.

PITTOSPORUM
(*Pittosporum tobira* Ait.)

Les Pittosporum ne viennent qu'en climat méditerranéen. Arbustes à feuilles persistantes, coriaces et d'un vert brillant, ils sont également décoratifs en fleurs et en fruits. Leur taille est pratiquement nulle bien qu'ils la supportent facilement ; elle supprime en effet une bonne partie de la floraison.

PRUNIER DE PISSARD
(*Prunus pissardii* Cass.)

Le Prunier de Pissard, qui fut jardinier-chef du Shah de Perse vers 1880, est d'une culture facile et de croissance rapide. On peut le tailler à volonté mais sa forme en buisson libre paraît plus esthétique et peut à la limite subir une taille légère pour en maîtriser l'éxubérence (diminution de la longueur des rameaux qui forment des flèches importantes).

SORBARIA
(*Sorbaria arborea* Schneid., *Sorbaria sorbifolia* (L.) A. Br.)

Les Sorbaria originaires de Chine possèdent un feuillage élégant à nombreuses folioles dentées, et des panicules de fleurs blanches d'un grand effet. Ils méritent d'être employés plus fréquemment et leur alignement en nombre fait encore plus d'effet. Ils fleurissent sur les pousses de l'année (comme les rosiers) et leurs tiges sont à rabattre très court, fin février ou début mars.

Prunus pissardii.

Spirea vanhouttei.

SYMPHORINE
(*Symphoricarpus albus* (L.) Blake)

Les Symphorines originaires du Canada sont généreuses par leur végétation et leur mise à fruits spectaculaire en boules blanches ou rosées. On les utilise en haies libres couramment. La taille presque nulle consiste à éclaircir les vieux pieds de leurs rameaux trop âgés. Le sécateur ne pouvant toujours atteindre facilement le bas de ces tiges, utiliser une petite scie en queue de rat.

VIORNES A FEUILLES GAUFREES
(*Viburnum rhytidophyllum* Hemsl.)

Cette Viorne de Chine aux grandes feuilles chagrinées, d'un vert sombre en-dessus, à l'épais tomentum en-dessous, est parfois utilisée en haies libres à mi-ombre. Elle ne subit pratiquement pas de taille, sauf éclaircissage avec l'âge.

SPIREES EN ARBUSTES
(*Spiraea X bumalda* Bury Anthony Waterer, *Spiraea cantoniensis* Lour., *Spiraea douglasii* Hook. f.*, Spiraea prunifolia* S. et Z, *Spiraea X vanhouttei* (Briot) Zab., etc.)

Les spirées arbustives sont toutes intéressantes en haies monospécifiques. La Spirée de Waterer, à corymbes roses, peut se tailler court fin février - début mars, à la manière de rosiers nains à grandes fleurs. Les autres, souvent à fleurs blanches, fleurissent sur le bois formé l'année d'avant et doivent être taillées à la manière des Forsythias : on supprime les vieux bois ramifié ayant fleuri assez bas en épargnant le bas des tiges d'où de jeunes flèches vont pousser durant l'été, s'aoûter, puis fleurir l'année suivante.

Atlas

LES PLANTES COUVRANTES

Cette catégorie d'arbustes, appelée aussi couvre-sol, est précieuse pour habiller les talus, les sous-bois ou certains parterres.

BRUYERES
(*Calluna vulgaris* (L.) Hull., *Erica carnea* L.)

Les Bruyères, surtout en terrains siliceux ou non calcaires, sont de précieux couvre-sol par leur feuillage persistant et leurs floraisons. La Bruyère des neiges (*Erica herbacea* L.) admet même le calcaire. La taille est nulle pour ces espèces.

CHEVREFEUILLE RAMPANT
(*Lonicera pileata* Oliver)

Ce Chèvrefeuille prostré qui nous vient de la Chine est planté très couramment sur les talus. La taille consiste seulement à supprimer les rameaux qui dépasseraient le massif ou ceux qui se redressent. La plante admet la taille sans problème.

COTONEASTER COUVRE-SOL
(*Cotoneaster horizontalis* Done, *Cotoneaster praecox* Vilmorin)

Ces deux Cotoneaster de la Chine sont intéressants pour leur beau feuillage nanifié, leur floraison en petites étoiles blanches ou roses, leur fructification généreuse en baies d'un rouge vif lumineux. On peut les tailler à volonté dans les parties qui dépassent les parterres ou s'érigeraient trop en l'air.

LIERRE D'IRLANDE
(*Hedera helix* L. cv 'hibernica')

Ce Lierre à larges feuilles est un excellent couvre-sol des sous-bois. La taille est nulle.

MILLEPERTUIS COUVRE-SOL
(*Hypericum calycinum* L.)

Ce Millepertuis rampant à grandes fleurs jaunes et feuillage persistant est très employé pour les talus. Il est bon de rabattre les tiges à la cisaille au début du printemps comme si on tondait le tapis. Les jeunes pousses viendront remplacer les tiges supprimées et donneront un meilleur étoffement. Le tapis peut devenir débordant sur les petites surfaces et devra être maîtrisé par une coupe sévère sur les bords, opérée en toute saison.

LES ROSIERS

LES ROSIERS NAINS A GRANDES FLEURS

Si vous plantez vos Rosiers nains à grandes fleurs en novembre-décembre, ce qui est très recommandable car ils auront le temps de s'adapter au sol jusqu'à l'éclosion du printemps, vous ne les taillez pas encore définitivement, mais leur laissez une certaine longueur de rameaux simplement écourtés à l'extrémité, de manière à leur conserver 30 à 40 cm de bois. Cela empêchera les grands froids de nuire à vos plants. Vers la fin février ou début mars, vous procéderez à la taille définitive, en rabattant cette fois les branches assez bas, et en ne laissant que trois ou quatre yeux sur chaque corne. Votre rosier aura alors l'aspect d'une main tendant ses doigts.

C'est sur ces cornes que vont démarrer les branches à fleurs de votre rosier. Certains bourgeons y sont visibles pour guider la taille ; d'autres, un peu plus bas, se devinent à peine : ce sont les yeux latents capables, eux aussi, de s'épanouir pour donner des rejets.

Choisissez, autant que possible, un œil orienté vers l'extérieur de la corne au-dessus duquel vous ferez la coupe au sécateur, et taillez franchement en biais, derrière cet œil, en orientant la pente vers l'intérieur du buisson. Vous obtenez ainsi une meilleure direction des rameaux, s'allongeant en corbeille aérée au centre et non enchevêtrée.

D'une année à l'autre, les Rosiers nains vont s'étoffer, devenir plus vigoureux, plus branchus, plus florifères. Chaque année, fin février ou début mars, il faudra renouveler la taille de la première année, en supprimant toutes les branches assez bas pour retrouver cette forme de main du début. Cependant, dans le cas d'un rosier vigoureux, comme Queen Elizabeth, on pourra tailler plus long les rameaux de base pour freiner la végétation. Dans l'ensemble, conservez 5 à 7 cornes sur vos Rosiers nains.

La taille consiste aussi à nettoyer un rosier de ses parties inutiles : les rameaux trop faibles, les brindilles, les branches cassées

Rosier-tige.

Rosier-buisson.

sont à couper au sécateur sur l'empattement, c'est-à-dire sur leur point de départ. Au besoin, il faut aussi, après trois ou quatre ans de végétation, refaire la corbeille en aérant le centre trop touffu de votre rosier.

Les rosiers taillés régulièrement, contrairement à ceux qui ne le seraient pas, prennent ainsi un port plus élégant, plus harmonieux, plus propre, plus vigoureux.

LES ROSIERS POLYANTHAS ET FLORIBUNDAS

On taille ces rosiers, à la plantation, comme ceux à grosses fleurs, donc en taille courte. Les années suivantes on peut leur appliquer une taille moyenne, à 3 ou 4 yeux, car leur grande vigueur les pousse au développement.

On leur laisse un maximum de cinq tiges par pied. Il ne faut jamais tailler long ces rosiers mais les maintenir bas, car leur effet d'ensemble doit rester de basse taille.

LES ROSIERS-TIGES

Leur taille, chaque année, se fait comme celle des Rosiers nains. Il faut être encore plus attentif à soigner la taille de ces rosiers, car une corbeille mal formée est beaucoup plus visible chez eux, vu sa position, et dépare une roseraie. Taillez donc toujours sur des yeux extérieurs, afin d'évaser la corbeille, et d'éviter de la déséquilibrer en rentrant les branches à l'inté-rieur.

LES ROSIERS-BUISSONS A GRAND DEVELOPPEMENT

Ces rosiers sont très vigoureux, et atteignent 2 ou 3 mètres de hauteur. Une taille courte ou moyenne est exclue. Il faut leur laisser une bonne longueur de rameaux principaux si l'on veut garder leur effet buissonnant. La taille consiste surtout à rajeunir leur bois, en supprimant tous les deux ou trois ans les vieux rameaux au bois durci, qui seront remplacés par des jets de souche ou de rameaux plus jeunes. Il faut élaguer dans ce cas à la scie égoïne ou en queue-de-rat, assez près de la souche, sans abîmer les tiges à conserver qui partent du même pied. Pour ce faire, protégez vos mains par des gants de cuir souple, vendus dans le commerce dans ce but : ils préserveront les mains des griffures et estafilades de ces rosiers, ou de la pénétration de leurs fines et longues épines dans votre peau, ce qui est toujours fort désagréable et douloureux, même pour une main masculine. Il faut aussi aérer ces rosiers avec soin, opération un peu pénible, surtout s'ils ont pris de l'âge, car ils tournent facilement en un fagot de branches inextricables. Les Rosiers moussus sont dans ce cas, et le défaut d'élagage régulier y provoque un dessèchement fort désagréable à voir et à supprimer.

LES ROSIERS GRIMPANTS A GROSSES FLEURS

A la plantation d'un Rosier grimpant à grosses fleurs, nous avons dit de raccourcir les sarments jusqu'à 40 cm ou 50 cm du sol. Ce départ permettra d'assurer la reprise, en faisant partir sur cette charpente initiale des rejets plus vigoureux.

Ces rejets atteindront 1 mètre et davantage de longueur et devront être palissés le long des fils de fer prévus à cet effet. S'ils sont assez nombreux, on peut, soit les étaler en éventail, surtout s'ils sont adossés à un treillis en lattes de bois, soit les étaler de part et d'autre de ces chapentières centrales en les fixant horizontalement le long des fils tendus, à gauche et à droite.

Sur ces branches nouvellement poussées apparaîtront des rameaux courts florifères appelés coursonnes.

D'une année à l'autre, le Rosier grimpant, en se fortifiant, émettra de nouvelles pousses en flèches très longues, tandis que celles des années précédentes qui ont fleuri vieilliront. Ce vieillissement se traduit, entre autres, par l'allongement et le report de la sève vers l'extrémité de la branche florifère, tandis que les coursonnes inférieures ont tendance à se dessécher au fur et à mesure de l'allongement. Il faut donc essayer de parer à cet inconvénient en raccourcissant ces branches d'un tiers si elles sont de moyenne vigueur, ou d'un quart si elles sont vigoureuses, et en pratiquant une légère arcure sur la branche qui freinera la montée de la sève.

De toutes façons, il faut, au bout de plusieurs années, penser à rajeunir les vieilles charpentières en les dépalissant et en sectionnant une bonne longueur de leur vieux bois. On les remplacera sur les fils par les jeunes flèches fort longues qui apparaissent d'une année à l'autre. La taille des Rosiers grimpants consiste donc essentiellement en un rajeunissement.

Quant aux coursonnes, après leur floraison de l'année d'avant, on peut les rabattre au-dessus du 3e ou du 4e œil pour les faire refleurir.

Durant l'été, on peut également arquer les jeunes pousses qui pointent et s'allongent démesurément.

Rosier grimpant.

LES ROSIERS GRIMPANTS A PETITES FLEURS

Les Rosiers Wichuraianas ou les multiflores se renouvellent par de jeunes flèches issues près de leur souche. Il faudra chercher à relayer chaque année les vieilles branches défleuries par ce jeune bois, en sciant ou coupant à leur base les vieilles branches et en palissant à leur place les nouvelles venues. Si l'on a affaire à un mur ou une clôture, on étalera en arcures horizontales ces branches. Si l'on veut regarnir un pylône ou une colonne, il faudra veiller à ne pas attacher à la verticale ces jeunes rameaux, mais les enrouler en spirale autour du pilier pour favoriser leur mise à fleur.

LES ROSIERS PLEUREURS

Ces rosiers, assimilables aux précédents, doivent aussi être émondés de leurs vieilles branches défleuries qu'on remplace par les jeunes pousses issues du sommet de leur tige. On peut faire cette opération à l'arrière-automne, quand le jeune bois est bien mûr et peut relayer les branches défleuries.

> *Pour donner à vos roses des couleurs plus vives, en particulier chez les fleurs rouges si éclatantes dans les massifs ou sur les formes grimpantes, incorporez à l'automne, lors d'un bêchage, du chlorure de potassium dans le sol ou, au printemps, du sulfate de fer. Ces engrais intensifient la couleur tout en fortifiant les tissus de vos plantes.*

Atlas

LES ARBUSTES DECORATIFS
(sauf résineux)

AGNEAU CHASTE ou GATTILIER
(*Vitex agnus-castus* L.)

Curieux arbuste à feuilles aromatiques portant 5 à 7 folioles en éventail ; fleurs en longues panicules mauves, dressées, odorantes. Apprécié pour sa floraison tardive. Bon pour les lieux chauds et secs. On peut le laisser sans taille.

AJONC
(*Ulex europaeus* L., etc.)

Il existe des Ajoncs à fleurs doubles, de longue durée (cv 'plenus). Leur transplantation est délicate et des pieds jeunes avec mottes sont nécessaires. Pas de taille. Bon couvre-sol pour talus secs, sableux et ensoleillés.

AMANDIER DE CHINE
(*Prunus triloba* Lindl.)

Arbrisseau élevé en buisson ou monté sur tige à la manière des rosiers à grandes fleurs. Fleurs roses doubles apparaissant en premier lieu en avril ou mai, presque sessibles le long des rameaux (bois de l'année précédente). Cet arbuste doit se tailler court après la floraison pour laisser les jeunes rejets qui fleuriront l'année suivante.

AMELANCHIER DU CANADA
(*Amelanchier canadensis* (L.) Med.)

Arbuste vigoureux produisant des grappes de fleurs blanches au printemps. Taille pratiquement nulle, les rameaux étant tous florifères. Supprimer simplement les brindilles trop faibles.

Arbre à perruques.

ARBOUSIER
(*Arbutus unedo* L.)

L'Arbousier peut former un petit arbre de 8 à 10 mètres mais il est souvent traité en arbuste moins important. Comme la Bruyère des neiges, il ne craint pas le calcaire mais il est assez sensible aux gelées, surtout dans le jeune âge, et prospère essentiellement sous climat méditerramnéen. La variété 'rubra', découverte en Irlande vers 1835 et qui a les fleurs rose foncé, est plus compacte et plus rustique que le type : ses fruits sont aussi un peu plus petits. En principe, on peut laisser pousser l'Arbousier en forme libre, sans taille. Mais soumis au sécateur, il accepte des formes carrées et peut servir, dans le Midi, à former des murs verts. Il vaut cependant mieux lui laisser la forme naturelle, la mise à fleurs et à fruits étant plus généreuse.

ARBRE A PERRUQUES
(*Cotinus coggygria* Scop.)

Arbuste du Midi de la France, à feuillage éventuellement pourpre, à fruits plumeux très décoratifs. Taille pratiquement nulle. Veiller au bon équilibre de l'ensemble en supprimant les branches trop longues.

ARBRE AUX ANEMONES
(*Calycanthus floridus* L.)

Arbrisseau de 2 à 3 mètres à feuilles ovales, fleurs de 4 à 5 cm de diamètre, d'un rouge brun foncé, à odeur de camphre. Taille pratiquement nulle, les rameaux étant la plupart florifères. Supprimer les brindilles trop faibles. Equilibrer l'ensemble.

ARGOUSIER
(*Hippophae rhamnoides* L.)

Arbuste de 3 à 4 mètres, à fortes épines, à feuilles étroites argentées, intéressant pour la fructification très abondante de ses baies orangées. Peut éventuellement se tailler en haies carrées, mais son aspect libre et sans taille est plus séduisant.

AZALEE
(*Rhododendron obtusum* (Lindl.) Planch., *Rhododendron japonicum* (A. Gray) Suringar, *Rhodendron molle* (Bl.) D. Don, etc.)

Les azalées de pleine terre, élevées en sol tourbeux, ne subissent pratiquement pas de taille.

BAGUENAUDIER COMMUN
(*Colutea arborescens* L.)

Arbuste de 3 mètres, à feuilles composées, fleurs de légumineuses jaunes, fruits en gousses ventrues gonflées d'air. Pas de taille.

BERBERIS

A part les Berberis de haies dont nous avons parlé précédemment, certaines espèces de ce genre très fourni sont surtout indiquées en isolés ou pour jardins de rocailles, en particulier celles à feuillage persistant et épineux dont voici une liste : *Berberis calliantha* Mulligan, *candidula* Schneid., *darwinii* Hook., *hookeri* Lem., *ilicifolia* Forrest., *X lologensis* Sand., *verruculosa* Hemsl. et Wils. etc. Aucune taille ne leur est à appliquer.

BOIS GENTIL
(*Daphne mezereum* L.)

Arbrisseau de 50 cm à 1 mètre, à petites fleurs roses très odorantes au printemps, avant les feuilles. Fruits rouge vif toxiques (dose mortelle pour adulte 10 à 12 fruits). Pas de taille.

Groupe d'Azalées.

'Boule de neige' (Viburnum opulus).

BOULE DE NEIGE
(*Viburnum opulus* L. var. stérile DC)

Arbuste à fleurs en corymbes globuleux, d'un blanc pur, en mai. Pas de taille, sauf nettoyage des brindilles trop faibles.

BUISSON ARDENT
(*Pyracantha coccinea* Roem. *Pyracantha rogersiana* (A.B. Jacks) Chitt., etc)

Toutes les variétés de Pyracanthas sont intéressantes. On s'abstient de les tailler lorsqu'ils ne sont pas soumis à une haie carrée, mais il convient parfois de les maîtriser en étêtant les ramifications trop vigoureuses ou indisciplinées.

BUISSON DE BEAUTE
(*Kolkwitzia amabilis* Graebner)

Le *Kolkwitzia* à l'admirable floraison de teintes claires forme une gerbe jaillissant droit du sol et se ramifiant finement. Tous les rameaux étant florifères, on doit s'abstenir de le tailler. Après la floraison cependant, on peut aérer la touffe en supprimant assez bas le plus vieux bois, de manière à le faire relayer par les jeunes pousses.

CALLICARPA
(*Callicarpa bodinieri* Levl. var. giraldii (Hesse) Rehd.)

Très bel arbuste à fruits en baies mauves et luisantes, originaire de Chine. Il vaut mieux s'abstenir de le tailler mais, à la longue, il faut supprimer le bois trop âgé pour lui substituer les jeunes flèches de remplacement.

CAMELLIA
(*Camellia japonica* L.)

Très bel arbuste à feuilles coriaces et luisantes, à fleurs de texture charnue. Il est rustique dans une grande partie de la France, mais il faut le protéger des vents froids dans les climats moins favorables, et le tenir autant que possible légèrement ombragé. C'est un peu l'arbuste type de serre froide. Les boutons floraux apparaissent vers les extrémités, il ne faut pratiquement rien tailler sur l'arbuste. Cependant, une taille discrète permet de leur donner une forme imposée, comme le cône. Les sujets très âgés, en voie de dépérissement, peuvent être rabattus au printemps : ils produisent des bourgeons sur des branches assez fortes (4 à 5 cm de diamètre) et peuvent redonner un buisson fourni et régulier.

CARYOPTERIS
(*Caryopteris X clandonensis*)

Arbuste intéressant par sa floraison bleue d'époque tardive (automne), attirant les abeilles. On pratique la taille courte comme pour le Buddléia, fin février ou début mars.

CEANOTHUS
(*Ceanothus X delilianus* Spach 'Gloire de Versailles', *Ceanothus X pallidus* 'Marie Simon')

Arbuste à floraison délicate aux tons bleu ciel ou rose pastel. On les taille court fin février, début mars, comme les Buddléias.

CHALEF ou OLIVIER DE BOHEME
(*Elaeagnus angustifolia* L., *Elaeagnus umbellata* Thunb., *Elaeagnus pungens* Thunb. etc.)

Ces arbustes à feuilles entières, couvertes sur le revers d'écailles rousses ou argentées, peuvent servir en isolés ou à faire des haies libres ou taillées à l'équerre. La culture libre et sans taille, qui permet une fructification abondante les met le mieux en valeur.

Caryopteris.

Ceanothus pallidus 'Marie Simon'.

Clerodendron.

Cognassier du Japon.

CHEVREFEUILLE
(*Lonicera etrusca* Santi, *Lonicera X heckrottii* Rehd., *Lonicera Jacques, Lonicera korolkowii* Stapf., etc.)

Certains chèvrefeuilles arbustifs et dressés peuvent s'employer en isolés. La taille, qui est effectuée en principe après la floraison, n'est qu'une intervention de nettoyage, supprimant les rameaux trop grêles ou trop âgés, ou rendant son équilibre à un arbuste dégingandé.

CHIMONANTHE PRECOCE
(*Chimonanthus praecox (*L.) Link)

Arbrisseau de 2 à 3 mètres, à port raide, intéressant pour sa floraison hivernale (janvier, février) odorante et venant sur le bois nu. La taille est inutile ; un nettoyage des brindilles ou des branches mal venues suffit.

CITRONNIER EPINEUX
(*Poncirus trifoliata* (L.) Raf.)

Arbuste à grosses épines aplaties, intéressant pour sa floraison légère et ses fruits ronds et jaunes de citronnier, non comestibles. Aucune taille n'est nécessaire.

CLERODENDRON
(*Clerodendron trichotomum* Thunb.)

Arbuste parfois élevé sur tronc en petit arbre, à feuilles ovales aigües et surtout fleurs odorantes, blanches, en cymes nombreuses suivies à l'automne de fruits curieux en baies bleues posées sur l'étoile rouge du calice. La taille n'est pas nécessaire, sauf pour limiter certaines branches trop allongées.

COGNASSIER DU JAPON
(*Chaenomeles cathayensis* (Hemsl.) Schneid., *Chaenomeles speciosa* (Sweet Nakai), etc.)

Les Cognassiers du Japon, dont on peut faire des haies fleuries même taillées au carré, sont tous intéressants en buissons isolés, ne subissant pas la taille. Les fleurs viennent en effet sur des rameaux courts fixés sur le vieux bois. On peut supprimer après la floraison ou à la fin de l'hiver, les rameaux mal équilibrés, parfois trop forts et déséquilibrant le pied.

CORNOUILLER
(*Cornus florida* L., *Cornus kousa* (Buerg.) Hance, *Cornus mas* L.)

Il existe plusieurs sortes de Cornouillers dont certains viennent de la Chine ou des Etats-Unis. Alors que ceux à bois vivement coloré (en rouge, en jaune) du type *Cornus alba* sont ,à rabattre sévèrement chaque année, ceux à bois gris cités ici ne sont pas à toucher. On les laisse pousser librement pour ne pas nuire à leur superbe floraison ou à leur fructification éclatante (*Cornus mas*). Tout au plus on nettoie les brindilles trop faibles ou les branches mal venues.

Cornouiller blanc panaché.

CORYLOPSIS
(*Corylopsis pauciflora* S. et Z., *Corylopsis spicata* S. et Z., etc.)

Les Corylopsis sont de charmants arbustes de la Chine ou du Japon, proches de nos noisetiers par leurs fleurs printanières jaune clair en épis allongés. Toute taille supprimerait des fleurs. On se contente de nettoyer les brindilles trop minces.

COTONEASTER
(*Cotoneaster bullatus* Bois, *Cotoneaster dielsianus* Pritz, etc.)

Les Cotoneasters sont très nombreux dans l'emploi horticole, leur floraison et leur fructification généreuses agrémentent parcs et jardins. Certains peuvent former des haies taillées en carré, comme *Cotoneaster franchetii* Bois., d'autres servent à faire des haies libres de taille. On peut les employer tous en isolés, en évitant de les tailler dans ce cas pour ne rien ôter à leur fructification. Cependant, il faut limiter leur végétation dans certains cas. C'est le fait des espèces élevées sur tige, comme *Cotoneaster franchetii* Bois ou *Cotoneaster salicifolia Franch.* dont les branches trop longues risquent de deséquilibrer le pied. La taille consiste dans ce cas à raccourcir les fortes branches et à éclaircir judicieusement la couronne, la plante supportant sans problème d'être touchée où que ce soit au sécateur. Il faut aussi limiter par la taille certaines espèces retombantes en rideau devant une grotte par exemple, comme *Cotoneaster dammeri Schneid.* ou *Cotoneaster salicifolius Franch.*, toujours envahissantes.

CORETE DU JAPON
(*Kerria japonica* (L.) DC)

La Corète forme des gerbes de rameaux verts qui vont en se ramifiant d'une année à l'autre, si on ne les taille pas. Il vaut mieux éclaircir les touffes en supprimant très bas le vieux bois, les jeunes pousses donnant des fleurs plus étoffées. Opérer cette taille après la floraison.

CYTISE AUBOUR
(*Laburnum anagyroides* Med., *Laburnum alpinum* (Mill.) Bercht. et Presl., *Laburnum X Watereri* (Wettst.) Dipp. 'Vossii').

Le Cytise Aubour, surtout dans sa variété 'Vossii', émet de longues grappes pendantes de fleurs jaunes en mai-juin, d'un grand effet décoratif. Au moment de la plantation, si l'arbuste n'est pas en container, il vaut mieux rabattre les branches pour obliger la sève à faire de nouvelles flèches. Par la suite, il n'est plus besoin de taille.

Deutzia.

CYTISUS
(*Cytisus albus* Hacq., *Cytisus purgans* (L.) Spach, *Cytisus X praecox* Wheeler, *Cytisus scoparius* (L.) Link)

Les Cytises du genre Cytisus sont proches des Genêts et souvent appelés ainsi populairement. Comme eux, ils n'ont pas à être taillés, car toutes les branches sont florifères.

DESMODIUM
(*Desmodium penduliflorum* Oudem. = *Lespedeza thunbergii* (DC) Nakai).

Gracieux sous arbrisseau à rameaux retombants, aux fleurs mauves en grappes placées le long des rameaux. On peut supprimer très court, au mois de février, le vieux bois ayant fleuri l'année précédente, car la plante est capable de refaire des pousses vigoureuses.

DEUTZIA
(*Deutzia bicolor* Hemsl., *Deutzia gracilis* S. et Z., *Deutzia scabra* Thunb., etc.)

Les *Deutzia* aux tiges creuses forment des touffes érigées dont on supprime, après floraison, en juin-juillet, le vieux bois pour ne conserver que les jeunes flèches qui fleuriront l'année suivante.

FRAGON
(*Ruscus aculeatus* L., *Ruscus hypophyllum* L.)

Le *Fragon* en touffe dense se renouvelle d'une année à l'autre par de jeunes pousses en forme d'asperges. On peut donc prélever les rameaux fructifères sans inconvénient, au ras du sol, durant l'hiver (en décembre), mais il faut ménager les jeunes pousses de remplacement.

FUCHSIA

Les *Fuchsias* sont variés de formes et d'emploi. Certains sont assez rustiques pour passer l'hiver en pleine terre, du moins sous climat doux comme en Bretagne (*Fuchsia magellanica* Lamk var. 'gracilis') : recouvertes de cendres à leur base, ils se recèpent très facilement après les hivers moyens du Nord de la Loire (taille courte comme celle du Rosier).

Les *Fuchsias* horticoles à grandes fleurs sont à rentrer l'hiver à l'abri. On peut les élever aussi sur tige et en former de petits arbustes à grand effet décoratif dans les plates-bandes. Les pincements sont utiles pour faire brancher les plantes, mais il faut le faire assez tôt et les éviter durant la floraison estivale qui supprimerait des fleurs. Ils donnent aussi aux pieds un port plus agréable et plus compact.

FUSAIN
(*Evonymus europaeus* L., *Evonymus latifolius* (L.) Miller, etc.)

Les fusains à feuilles caduques ne doivent pas être taillés normalement. On limite simplement leur hauteur pour permettre aux tiges de mieux s'étoffer. Ceux dressés, à feuilles persistantes comme le Fusain du Japon, peuvent au contraire être formés à la taille, même en haies carrées, et il faut souvent raccourcir l'une ou l'autre branche déséquilibrant le pied.

GENET D'ESPAGNE
(*Spartium junceum* L.)

Les vieux sujets peuvent devenir trop touffus à la longue et dégénérer. On peut les refaire en mars en rabattant les tiges sur le vieux bois. Par la suite, on taille les pousses de l'année passée à 2-3 cm du vieux bois. Sur les jeunes sujets, on rabat les tiges de l'année précédente sur la moitié de leur longueur, généralement pour permettre à la plante de prendre de la hauteur. Les tailles faites régulièrement chaque année permettent d'avoir des plantes plus compactes et touffues.

Fuchsia vivace.

Genêt d'Espagne.

GERMANDRÉE ARBUSTIVE
(*Teucrium fruticans* L.)

Espèce arbustive, haute de 1 à 2 mètres, originaires des régions occidentales de la Méditerranée. Feuillage persistant, fleurs à une seule lèvre bleutée, découpée. Cette espèce supporte bien la taille en haie. Très touffue, on lui applique un nettoyage périodique, en l'aérant légèrement par suppression du vieux bois.

HIBISCUS ROSE-DE-CHINE
(*Hibiscus rosa sinensis* L.)

Cet arbuste fréquemment vendu en pot atteint plusieurs mètres de hauteur sous climat tropical (2 à 5 mètres), par exemple en Afrique noire. Son pays d'origine est la Chine. Sous climat chaud et en pleine terre, il fleurit toute l'année. En France, il ne supporte pas le froid mais on peut l'élever en caisses ou containers en lui appliquant des arrosages fréquents (il est friand d'eau). La taille consiste en écimage et légers élagages des branches pour favoriser la floraison qui se succède tout au long des rameaux à raison d'une fleur par feuille. En automne on peut tailler plus sévèrement, même court.

Groseillier à fleurs.

LAGERSTROEMIA
(*Lagerstroemia indica* L.)

Arbuste plutôt méridional, aux superbes floraisons estivales roses ou saumon ; peut s'élever en basses formes ou monté sur demi-tige ou tronc. Chaque année on le taille court en rabattant les branches sur 4 ou 6 bourgeons. Le bourgeonnement est tardif, fin avril ou mai.

GROSEILLIER A FLEURS
(*Ribes sanguineum* Pursh.)

Le Groseillier sanguin fleurit au printemps en abondance. On peut lui appliquer une taille modérée après la floraison, en éliminant seulement le gros bois âgé pour aérer et renouveler la touffe.

HAMAMELIS
(*Hamamelis virginiana* L., etc.)

Arbrisseau très rameux, à fleurs aux pétales en lanières jaune citron ou jaune cuivré. Taille pratiquement nulle, pour ne pas nuire à la floraison. Elaguer seulement les branches grêles ou mal venues.

Hibiscus.

LAURIER ROSE
(*Nerium oleander* L.)

Le Laurier-rose s'élève en pleine terre dans le Midi mais peut s'utiliser en caisses dans le Nord (Alsace) avec succès (il peut résister jusqu'à - 8°). La taille n'est nécessaire qu'à la formation des jeunes pieds : élevés de boutures, on les raccourcit pour provoquer le branchement d'une première charpente, puis on opère une seconde taille sur les 3 ou 4 premières branches pour la formation du buisson. Par la suite on peut laisser le pied sans taille mais, en cas de gel superficiel, on peut rabattre tout le pied pour le faire repartir en

Laurier rose.

LAURIER-TIN
(*Viburnum tinus* L.)

Arbuste plutôt méridional mais résistant aux hivers ordinaires dans une grande partie de la France. Il fleurit mieux sous climat doux, en plein hiver. Espèce à feuillage persistant à ne pas tailler, encore que dans le Midi on peut en faire des rideaux verts ou haies régulièrement taillées.

LEYCESTERIA
(*Leycesteria formosa* Wall.)

Arbuste de l'Inde à végétation vigoureuse, aux tiges restant vertes et glaucescentes. Feuilles opposées cordiformes-acuminées. Fleurs étagées en longs épis pendants, à bractées violacées, suivies de baies rouge foncé d'un effet curieux, recherchées par les oiseaux. Fin février ou courant mars, on rabat toutes les tiges à quelques centimètres du sol (taille du Rosier nain à grandes fleurs). L'arbuste émet chaque année de nouvelles pousses vigoureuses, fleurissant durant l'été.

MILLEPERTUIS
(*Hypericum frondosum* Michx 'Hidcote', *Hypericum X moserianum* André, *Hypericum patulum* Thunb., etc.)

Les Millepertuis en arbustes dressés sont intéressants pour leur floraison jaune estivale. Les feuilles peuvent être caduques comme chez *Hypericum frondosum*, semi-persistantes comme chez l'hybride *X moserianum*, ou presque persistantes comme chez *Hypericum patulum*. Les espèces à feuilles caduques ou semi-persistantes sont taillées court en fin d'hiver (comme la taille du Rosier fin février, début mars), celles à feuillage persistant ou presque sont traitées plus discrètement, en laissant les arbustes en forme et en n'opérant qu'un simple nettoyage.

MIMOSA DES FLEURISTES
(*Acacia dealbata* Link)

Arbuste à feuillage toujours vert, finement divisé. Fleurs en capitules globuleux, réunies en panicules axillaires et terminales de 8 à 10 cm. Cultivé à grande échelle sur la Côte d'Azur, ce Mimosa n'a pas besoin de taille. La forme libre est la seule qui sauvegarde sa floraison. Les jeunes pieds, élevés en terre non calcaire, se développent rapidement et peuvent fleurir après trois ou quatre ans de plantation. Les Mimosas sont en plein rapport à l'âge de cinq à six ans.

MIMOSA DES QUATRE SAISONS
(*Acacia retinoides* Schlecht)

Arbuste à nombreux phyllodes étroits, assez semblables à des feuilles de Saule, parfois glauques. Fleurs en capitules arrondis assez petits et d'un jaune pâle, réunies en grappes à l'extrémité des rameaux flexibles. Cette espèce est plus rustique que le Mimosa des fleuristes et peut se cultiver jusqu'en Savoie, aux abords du lac du Bourget, en situation abritée. On l'élève aussi en caisse en l'abritant en hiver. On ne le taille pratiquement pas.

Noisetier pourpre.

NERPRUN ALATERNE
(*Rhamnus alaternus* L.)

Feuilles coriaces et luisantes, souvent dentées. Arbuste méditerranéen sempervirent, sensible aux grands froids. Il supporte facilement la taille et peut se former en haies carrées ou rideaux toujours verts. En Italie, la villa Petraia de Castello (près de Florence) utilise, entre autres, cet arbuste pour ses rideaux verts taillés.

NOISETIER POURPRE
(*Corylus maxima* Mill. purpurea)

Le Noisetier pourpre ne fait son plein effet que s'il est traité en forme libre. Il est cependant très accommodant et pourrait se tailler en haie droite.

ORANGER DES OSAGES
(*Maclura pomifera* (Raf.) Schneid.)

Le *Maclura*, ordinairement traité en arbre, peut être employé pour faire des haies défensives aux fortes épines vulnérantes. On peut le tailler droit dans ce cas.

ORANGER DU MEXIQUE
(*Choisya ternata* H.B.K.)

Cet arbuste aux fleurs blanches rappelant celles de l'Oranger fut employé jadis pour les mariages. Il est moins utilisé de nos jours et ne subit pas normalement de taille.

ORME DE VIRGINIE OU PTELEA
(*Ptelea trifoliata* L.)

Arbuste dressé, à jolies feuilles trifoliolées ; fleurs peu spectaculaires mais fruits curieux en samares arrondies, comme chez l'Orme. Taille de formation charpentière au départ, puis on peut laisser l'arbuste à lui-même, mais il a tendance à occuper un bon volume.

OSMANTHUS
(*Osmanthus heterophyllus* (G. Don) P.S. Green)

Arbuste touffu à feuilles persistantes coriaces, pourvues ordinairement de 2 à 4 dents triangulaires, épineuses, qui le font ressembler au Houx. Peut s'employer en isolé, surtout dans les formes à feuillage coloré de jaune (*aureomarginatus*) ou blanc crème (*argenteo variegatus*) ou de pourpre (*purpureus*). Ne pas les soumettre à la taille. Une autre espèce, *Osmanthus delavayi Franch.*, est réputée pour sa superbe floraison de fleurs blanc pur, aux corolles tubuleuses de 15 à 18 mm, à odeur de Jasmin. Les élever en terre non calcaire et fraîche.

PALIURE EPINE-DU-CHRIST ou PORTE-CHAPEAU
(*Paliurus spina christi* Mill.)

Arbuste provençal épineux, curieux par ses fruits en chapeaux plats arrondis, suspendus en nombre sur les branches. La plante peut se tailler en carré pour former des haies défensives, ou rester libre. Prévoir, dans ce dernier cas, un espace assez large et hors de portée des petits enfants, car le port, quoique original, est assez dégingandé et les rameaux vulnérants.

PARROTIA
(*Parrotia persica* (DC) C.A. Mey.)

Arbuste planté en sol frais légèrement acide de préférence, mais tolérant le calcaire. Feuillage coloré de jaune vif ou orangé à l'automne. Port étalé. Laisser la plante sans taille, mais son port très romantique exige de la place.

PAVOT BLANC DE CALIFORNIE
(*Romneya coulteri* Harv.)

Très beau pavot en arbuste ligneux, à feuilles glauques profondément découpées, à grandes fleurs blanches odorantes, pouvant mesurer 15 à 20 cm de diamètre, en mai-août. Fleurit par exemple à Bormes-les-Mimosas, devant l'église du sommet. Exige une situation chaude, abri hivernal dans le Nord. Plante facilement envahissante en pleine terre par ses drageons : les extraire pour les replanter (attention, reprise très délicate) ou les jeter. Couper les tiges mortes juste au-dessous du sol à l'automne. Dans les régions froides, protéger la souche par un lit de feuilles.

PERNETTYA
(*Pernettya mucronata* (L.f.) Gaud.)

Feuilles alternes, petites, coriaces, à marge dentée. Fruits globuleux, rouge luisant ou blancs, ou roses, ou lilas, très décoratifs. Les plantes se comportent comme si elles étaient unisexuées, les unes plutôt mâles, les autres femelles. Il est prudent, pour la mise à fruits, de planter un lot des deux formes, en terre de bruyère. Il n'y a pas de taille particulière à leur appliquer, mais sur les pieds âgés, les tiges dégarnies doivent être taillées, "rapprochées" au début du printemps (fin février, mars). Plantes en fruits souvent vendus en pots, mais irrécupérables si l'on ne se procure pas des pieds mâles, fort peu proposés dans le commerce (et souvent ignorés des marchands !).

PHOTINIA
(*Photinia serrulata* Lindl.)

Le *Photinia* est original par son feuillage coriace à bords serrulés, d'un rouge carminé quand il est jeune, dont au bout des branches, devenant vert brillant plus tard, un peu plus bas que sur les extrémités. On lui laisse habituellement la forme libre mais les branches un peu dégingandées peuvent être rabattues discrètement pour donner une meilleure forme à l'arbuste.

Pieris japonica D. Don.

PIVOINE EN ARBRE
(*Paenia suffruticosa* Andr.)

La Pivoine en arbre suit la taille de l'Hortensia. Lorsqu'elle fleurit, elle développe en effet de gros bourgeons un peu au-dessous des fleurs ; ce sont les promesses des fleurs pour l'année suivante qu'il faut conserver. On ne taille donc que les fleurs fânées, juste au-dessus de ces bourgeons, et on nettoie le reste du pied en supprimant les brindilles stériles, les branches cassées ou gâtées, etc.

POINCIANA ou OISEAU DE PARADIS
(*Caesalpinia gilliesii* (Hook.) Wall. = *Poinciana gilliesii* Hook.)

Le *Poinciana* originaire de l'Argentine peut former des buissons ou de petits arbres. Son feuillage bipenné comme celui de l'Arbre à la soie est déjà décoratif par lui-même, mais les fleurs d'un jaune canari aux longues étamines écarlates sont également remarquables. L'espèce est surtout pratiquée sur le littoral méditerranéen, étant plus sensible au froid que l'Albizzia. La taille consiste à raccourcir les rameaux en automne ou en fin d'hiver. On nettoie aussi le bois mort ou les tiges en surnombre.

POMMIERS A FLEURS
(*Malus coronaria* (L.) Miller, *Malus floribunda* Sieb., *Malus purpurea* (Barbier) Rehd. et hybrides)

Nous parlons ici des formes basses en buissons, souvent très belles en floraison et fructification. Le *Malus coronaria* (L.) Miller var. Charlottae dégage même un délicieux parfum de violette. On peut laisser ces formes basses sans taille car elles sont très florifères, mais un élagage discret de l'intérieur permet une meilleure mise à fleurs et présentation.

PIERIS
(*Pieris japonica* (Thunb.) D. Don, *Pieris formosa* (Wall.) D. Don, etc.)

Les Pieris veulent une terre de bruyère. La taille est inutile car tous les rameaux fleurissent. On écourte juste quelques rameaux désordonnés, après la floraison.

POTENTILLE
(*Potentilla fruticosa* L. ssp floribunda (Pursh) Elkington, et cv)

Les Potentilles arbustives sont généreuses de floraison et gardent en général leur taille basse. Les rameaux peuvent être taillés court en fin d'hiver (fin février, début mars), car les fleurs viennent sur les jeunes pousses de l'année.

PRUNIER
(*Prunus X blireana* André, *Prunus cerasifera* Ehrh. Hessel, *Prunus spinosa* L. 'plena, etc.)

Nous avons déjà cité des Prunus sous le nom d'Amandier de Chine et ceux de Laurier-cerise et Pissardi (haies taillées ou libres). Nous parlons plus loin des arbres comprenant les Prunus (Cerisiers à fleurs, etc.). Il s'agit ici de basses formes d'espèces très variées, telle le Prunellier à fleurs doubles, le Prunier Hessel à feuilles panachées, etc. Il existe aussi des Abricotiers, des Pêchers, des Cerisiers à fleurs décoratives, souvent doubles et d'un grand charme, qu'on peut élever en arbustes sans tronc ou sur basse tige : ils relèvent tous du genre Prunus. Leur taille charpentière étant formée à l'achat, on se contente de les conduire légèrement en gobelet aéré au centre, ce qui favorise leur floraison. On veille aussi au bon équilibre de l'ensemble, en supprimant sur l'empattement les branches mal orientées ou abîmées.

PYRACANTHA
(*Pyracantha coccinea* Roem., *Pyracantha rogersiana* (A.B. Jacks.) Chitt., etc.)

Les Pyracanthas ou Buissons ardents s'emploient en haies, en plantes grimpantes tuteurées ou contre un mur, ou en buissons isolés. Dans ce dernier cas, la taille doit rester nulle ou très discrète, en supprimant seulement le bout de l'une ou l'autre branche trop longue.

Potentille.

Pyracantha.

RHODODENDRON
(*Rhododendron ponticum* L., etc.)

Les Rhododendrons, comme les Azalées, ne subissent qu'une taille discrète de rééquilibrage. Une intervention légère peut se faire en mars, avril ou mai, pour supprimer un rameau mal venu. Chez le Rhododendron, il est surtout bon de supprimer à la main, sans le secours du sécateur, les corymbes ayant fleuri, et cela juste au-dessus des bourgeons en dormance (comme chez le Lilas ou l'Hortensia). Cela permet à la sève de profiter aux futures pousses, au lieu de passer à une mise à fruits épuisante.

RONCE A FLEURS
(*Rubus deliciosus* Torr., *Rubus odoratus* L., *Rubus tricolor* Focke, *Rubus X Tridel (deliciosus X trilobus)*)

Il existe plusieurs sortes de Ronces dont les fleurs, par leur diamètre, (5 cm), sont décoratives, de couleur blanche ou rose. D'autres ont les fleurs doubles, comme *Rubus ulmifolius* Schott var. 'bellidiflorus', connue à l'état spontané en Bretagne. Ces ronces produisent chaque année des flèches nouvelles qui fleuriront l'année suivante. On peut donc supprimer au ras ou près du sol les vieilles tiges, quand leur floraison et fructification sont terminées.

SERINGAT
(*Philadelphus coronarius* L., etc.)

Les Seringats aux fleurs blanches odorantes sont de merveilleux arbustes pour jardins. Comme pour les Deutzia, on n'intervient qu'après la floraison, en juin-juillet, pour supprimer éventuellement le bois trop vieux et permettre un rajeunissement à l'ensemble. De nouvelles pousses se développent en effet à la base et il est bon de les favoriser par un éclaircissage judicieux.

SKIMMIA
(*Skimmia japonica* Thunb.)

Plante dioïque, de terre siliceuse et fraîche, dont les pieds mâles fleurissent abondamment et les femelles donnent de nombreux fruits rouge vif. On ne les taille pas.

STAPHYLIER
(*Staphylea colchica* Stev., *Staphylea pinnata* L.)

Arbustes rustiques à jolies feuilles à 5 folioles et fleurs blanches en panicules pendantes. Il n'y a pas de taille à faire.

SUMAC
(*Rhus glabra* L, *Rhus typhina* L.)

Arbustes à grandes feuilles pannées et fleurs en thyrses dressés d'un rouge grenat. Pour obtenir un développement maximal des feuilles, il est bon de rabattre les pousses de l'année précédente à 10 cm du vieux bois en février.

SUREAU
(*Sambucus nigra* L.)

Le Sureau commun produit des variétés entre autres jaune d'or d'un grand effet (var. *aurea*). Pour la taille, on rabat en hiver (entre décembre et janvier), à l'aide d'une scie égoïne, les branches formées dans l'année, assez près du vieux bois des tronc (à 5 ou 7 cm de l'empattement). On supprime aussi les pousses faibles. Les feuilles seront ainsi plus belles, étant plus grosses et plus colorées.

Sumac de Virginie.

TAMARIS

On taille les espèces à floraison printanière (*Tamarix tetrandra* Pall. et *Tamarix parviflora* DC) juste après la floraison. On rabat dans ce cas assez court les rameaux ayant fleuri, soit à 5 cm de l'empattement sur une branche charpentière. Les jeunes pousses croîtront pendant l'été, s'aoûteront et seront prêtes à fleurir l'année suivante.

On taille court en hiver (fin février - début mars) les Tamaris fleurissant en été (T*amarix pentandra* Pall., *Tamarix ramosissima* Ledeb.). Sur un sujet trop touffu, faire une bonne taille de nettoyage en supprimant le bois mort (fréquent) ou en surplus, les branches faibles.

VIORNE
(*Viburnum carlesii* Hemsl., *Viburnum macrocephalum* Fost., *Viburnum C carlcepahlum* Burk. et Skip., *Viburnum tomentosum* Thunb. 'mariesii', etc.)

Nous avons déjà vu quelques Viornes à feuilles persistantes utilisées pour les haies (Viorne à feuilles chagrinées, Viorne tin) ainsi que la Boule-de-neige. Il existe bien d'autres espèces

Sureau.

ou cultivars à feuilles caduques, telles celles énumérées dans ce titre. On ne les taille pratiquement gère, car cela compromettrait leur floraison. On se contente de supprimer le bois mort ou en excès (petits rameaux et branches abîmées), et de supprimer éventuellement une branche par trop longue qui déséquilibre l'ensemble. Ce genre de nettoyage peut se faire à n'importe quel moment de l'année.

WEIGELIA
(*Weigelia florida* (Bunge) DC)

Les *Weigelia* forment de beaux arbustes dressés, à floraison rose de nombreuses corolles tubulées. On les taille de suite après floraison, en supprimant les vieilles branches ayant fleuri assez bas pour laisser monter les jeunes flèches de remplacement. La plante ne fleurit que sur le bois de l'année précédente. Taille aussi de nettoyage et d'équilibre.

LES ARBRES A FLEURS

ACACIA A FLEURS BLANCHES
(*Robinia pseudoacacia* L.)

Grand arbre de 15 à 25 mètres, d'abord épineux, devenant presque inerme avec l'âge. Fleurs blanches en grappes, fin mai. Sur les talus à consolider, on le rabat tous les deux ou trois ans. A l'âge adulte, l'arbre a tendance à rompre ses branches sous l'effet des bourrasques. Nettoyer celles-ci par une coupe franche. Arbre superbe par la floraison massive, très utile pour la production du miel, trop négligé comme emploi : il en existe une variété remontante *semperflorens*, peu épineuse, fleurissant surtout en juin et de nouveau en août-septembre. Une variété rose de l'espèce *pseudoacacia* est également appréciable.

ACACIA ROSE
(*Robinia hispida* L.)

Arbre atteignant 2 à 3 mètres, à rameaux tortueux très fragiles, velus à l'état jeune. Grandes fleurs en grappes rose foncé. On peut remédier à la fragilité des rameaux en réduisant leur longueur pour leur donner du corps.

ALBIZZIA ou ARBRE A LA SOIE
(*Albizzia julibrissin* Durraz. = *Acacia nemu* Willd.)

Ce joli arbuste originaire du Proche-Orient devient un véritable arbre dans les pays méditerranéens, dont la taille peut atteindre 10 mètres de hauteur. Ses feuilles caduques sont finement bipennées et très décoratives, mais les fleurs en houppes d'étamines roses sont encore plus spectaculaires. La plante déjà formée sur tronc à l'achat peut être laissée à elle-même par la suite, ou subir une taille de formation en gobelet étalé, en favorisant la bifurcation des branches charpentières de base. L'espèce est assez rustique pour supporter les climats moyens, comme à Chambéry, Aix-les-Bains, Genève, etc. Elle exige des étés chauds pour bien fleurir.

ARBRE DE JUDEE
(*Cercis siliquastrum* L.)

Arbre de 10 mètres de hauteur, à fleurs roses (ou blanc argenté) apparaissant avant les feuilles sur l'écorce des branches. Supporte facilement la taille, mais la forme libre est plus souhaitable. Eclaircir légèrement l'intérieur des sujets adultes touffus.

Arbre de Judée.

AUBEPINE DOUBLE ROUGE
(*Crataegus oxyacantha* L. 'rosea plena' et 'rubra plena')

Espèce pouvant être élevée sur haute tige ou demi-tige. Floraison généreuse en mai. L'espèce supporte facilement la taille, mais la forme libre, une fois la charpente guidée régulièrement, est plus esthétique. Aérer l'intérieur de la couronne en supprimant sur l'empattement les branches verticales.

CATALPA
(*Catalpa bignonioides* Walt., *Catalpa speciosa* Ward.)

Arbres de 15 mètres (*Catalpa bignoniodes*) à 30 mètres de hauteur (*Catalpa speciosa*), à grandes feuilles en cœur, fleurs blanches à ponctuations rouges, en thyrses dressés. Taille surtout de nettoyage, en supprimant les branches mal venues ou cassées. Conserver à l'arbre sa forme générale globuleuse.

CERISIER A FLEURS DOUBLES
(*Prunus avium* L. 'plena' - *Prunus serrulata* Lindl.)

Arbre très vigoureux atteignant 12 mètres de hauteur, souvent sur hautes tiges (parfois demi-tiges) à floraison abondante de fleurs doubles, fin mai-juin. Taille charpentière au départ, ordinairement faite à la vente. Conserver ensuite son port naturel à l'arbre. Aérer légèrement l'intérieur.

CERISIER A GRAPPES
(*Prunus padus* L.)

Bel arbre original pour ses nombreuses grappes de fleurs blanches, atteignant 10 à 15 mètres de hauteur. S'accomode bien des sols humides. Taille nulle, sauf de nettoyage.

FRENE A FLEURS
(*Fraxinus ornus* L.)

Arbre à floraison blanche très ornementale, atteignant 8 à 10 mètres. Taille nulle, sauf de nettoyage.

MAGNOLIA DE PRINTEMPS
(*Magnolia X soulangeana* Soul. - Bod., *Magnolia stellata* (S. et Z.) Maxim.)

Aucune taille régulière n'est nécessaire. Se contenter de nettoyer les rameaux brisés ou trop minces, à l'intérieur du pied.

MAGNOLIA D'ETE A GRANDES FLEURS
(*Magnolia grandiflora* L.)

Ce Magnolia à feuilles persistantes, d'un vert brillant, produit de grandes fleurs blanches durant l'été. Il est souvent formé en pyramide ou conduit en tige dépourvue de ramifications sur 2 mètres de hauteur. Aucune taille régulière n'est nécessaire.

MARRONNIER BLANC
(*Aesculus hippocastanum* L.)

Bel arbre de 25 mètres de hauteur. L'inconvénient des fruits peut être écarté en se procurant la variété à fleurs doubles connue depuis 1820. Le Marronnier blanc craint la taille sévère qui mettrait son tronc nu au soleil. On peut cependant le tailler pour en réduire le volume des branches (surtout celles du bas) ou l'éclaircir. Ne couper que les branches moyennes ou petites. Badigeonner les larges coupes au mastic cicatrisant pour éviter une infection.

MARRONNIER ROUGE
(*Aesculus X carnea* Hayne = *Aesculus rubicunda* Loisel.)

Le Marronnier rouge commun a été obtenu vers 1812 en croisant les deux espèces *hippocastanum* et *pavia*. La variété 'Briotii', à inflorescences plus volumineuses et plus foncées, est à recommander. Taille comme pour le Marronnier blanc.

Magnolia soulangeana.

Magnolia stellata.

PAULOWNIA
(*Paulownia imperialis* S. et Z.)

Arbre de 12 à 15 mètres de hauteur, aux grandes feuilles en cœur, à fleurs bleues en panicules dressées. Taille charpentière au départ, ordinairement faite à la vente, puis forme libre. Bien que l'arbre supporte facilement la taille, il vaut mieux lui laisser la couronne libre pour une bonne mise à fleurs, et se contenter d'une taille de nettoyage (rameaux cassés ou mal placés, éclaircissage éventuel).

POMMIERS A FLEURS

Il existe de nombreux pommiers en arbres décoratifs par les fleurs. Celles-ci peuvent être rouges comme chez les hybrides 'Aldenhamensis, 'Almey', X *atrosanguinea*, 'Echtermeyer', 'Eleyi', 'Hopa', 'Lemoinei', 'Profusion', X *purpurea* ou chez l'espèce *niedzwetzkiana* ; roses chez les espèces *angustifolia* (Ait.) Michx, *coronaria* (L.) Miller, *floribunda* Sieb., *halliana* Koehne, *hupehensis* (Pamp.) Rehd., *ioensis* (Wood.) Britt., *sieboldii* (Regl.) Rehd., *spectabilis* (Ait.) Borkh. ; blanches chez les espèces *baccata* (L.), *prunifolia* (Willd.) Borkh., *sargentii* Rehd., *trilobata* (Labill.) Schneid, *yunnanensis* (Franch.) Schneid, ces dernières donnant toutes des fruits pédicellés décoratifs. La taille de formation étant assurée à la vente, on peut laisser libre la croissance des couronnes, et se contenter d'un nettoyage ou éclaircissage éventuel.

TULIPIER DE VIRGINIE
(*Liriodendron tulipifera* L.)

Arbre de grand développement, atteignant plus de 50 mètres de hauteur aux Etats-Unis. Feuilles échancrées au sommet, se dorant magnifiquement à l'automne. Fleurs en tulipes verdâtres au bout des rameaux, n'apparaissant qu'au bout de 25 à 30 ans. Taille de nettoyage.

Pommier à fleurs.

LES ARBRES A FEUILLAGE
(sauf pleureurs)

ACACIA BOULE
(*Robinia pseudoacacia* var. 'Bessoniana', *Robinia pseudoacacia* 'umbraculifera' (DC) DC)

L'Acacia boule (*umbraculifera*) ne produit pas de fleurs. Il est nécessaire de le tailler chaque année en rabattant les jeunes rameaux sur les branches maîtresses, pour éviter une couronne trop volumineuse pouvant menacer, par grand vent, de décoller la greffe en tête.

AULNE A FEUILLES EN CŒUR
(*Alnus cordata* (Loisel.) Desf.)

Cet Aulne décoratif par son feuillage brillant peut rester libre de taille. Quoique originaire de Corse, il supporte très bien le climat du Nord de la France (Lorraine)..

BOULEAU
(*Betula verrucosa* Ehrh.)

Le Bouleau, très décoratif par son port, son écorce, ses feuilles parfois laciniées, ne se taille pratiquement pas. On élimine les branches en surnombre ayant tendance à sécher.

CHARME
(*Carpinus betulus* L.)

Le Charme, dans ses formes pyramidales (var. 'columnaris', 'fastigiata', 'pyramidalis') est apprécié pour sa vigueur : il peut monter à 12 ou 15 mètres. On peut le tailler aux cisailles en forme de cône régulier ou de pyramide à quatre faces, etc., et le placer par exemple aux quatre angles d'une pelouse ou en alignement espacé le long d'une allée.

Atlas

CHENES DIVERS

De nombreux Chênes servent dans les parcs ou jardins. Ceux à feuilles caduques de la série américaine des Chênes à feuilles rouges sont utilisables même sur de petites pelouses (*Quercus coccinea* Muenchh., *Quercus palustris* Muenchh., *Quercus rubra* Du Roi non L.) Leurs feuilles rougissent à l'automne. On les taille peu, en nettoyant simplement leurs branches mal venues. Il en est de même pour les espèces à feuilles caduques vertes (*Quercus Bushii* Sarg., *Quercus macranthera* Fisch. et Mey.). On trouve aussi des Chênes à feuillage lacinié, comme *Quercus petraea* Liebl var. 'laciniata', *Quercus cerris* L. var. 'laciniata'. Dans le Midi, les Chênes à feuilles persistantes (*Quercus ilex* L., *Quercus suber* L.) sont également appréciés et ne subissent pas de taille.

CHICOT DU CANADA
(*Gymnocladus dioicus* (L.) Koch)

Le Chicot du Canada est un arbre de 15 à 20 mètres, à grandes feuilles composées dont le rachis mesure jusqu'à 1 mètre. Les fleurs sont insignifiantes. L'arbre produit de fortes branches, tronquées au sommet et paraissant comme mortes ou cassées en hiver, d'où le nom français de l'espèce. En fait, la taille se réduit à un simple nettoyage des éléments réellement morts, le port pittoresque des branches étant l'un des attraits de la plante.

ERABLES

Les Erables sont nombreux de formes et d'espèces.
L'Erable champêtre (*Acer campestre* L.) et l'Erable de Montpellier (*Acer monspessulanum* L.) dépassant rarement 10 à 15 mètres d'élévation. Il vaut mieux laisser la forme libre et ne supprimer que les rameaux mal venus. Recépés, ils repoussent bien de souches et de racines.
L'Erable sycomore (*Acer pseudoplatanus* L.) et ses formes à feuilles pourpres en-dessous ('atropupureum', 'purpurascens') sont très employés dans les parcs. Il vaut mieux laisser

la couronne pousser librement, mais sa croissance rapide peut gêner des essences plus lentes, comme le Hêtre, lorsqu'on mélange ces genres dans les parcs.

L'Erable plane (*Acer platanoides* L.) croit moins vite que le précédent et n'a donc pas son inconvénient. On lui laisse la forme libre. La forme noire 'Crimson King' ou 'Schwedleri nigra' relève de cette espèce, ainsi que la variété 'Drummondii' aux feuilles vertes bordées de blanc crème.

L'Erable négondo, du Canada (*Acer negundo* L.), est souvent planté dans ses formes panachées. Sa croissance est très rapide et l'on peut maîtriser par la taille les branches trop longues. Il arrive qu'une branche à feuilles vertes apparaisse dans la couronne et prenne le dessus sur les branches panachées : il faut la supprimer le plus tôt possible sur l'empattement.

L'Erable lacinié (*Acer saccharinum* L. ou *Acer dasycarpum* Ehrh. var. 'Wieri') a les feuilles profondément découpées. On l'utilise parfois en alignements dans les villes. Sa nature vigoureuse permet de rabattre les branches en cas de volume trop important.

Les Erables du Japon (*Acer japonicum* Thunb., *Acer palmatum* Thunb.) forment une catégorie à part surtout par leur taille plus modeste. On les laisse pratiquement pousser librement.

FRENES

Il existe plusieurs Frênes ornementaux par leur feuillage, la plupart originaires des Etats-Unis, tels *Fraxinus americana* L., qui se colore en automne de jaune et de pourpre, *Fraxinus oregona* Nutt. dont les feuilles mesurent jusqu'à 30 cm de longueur, *Fraxinus pennsylvanica* Marsh. aux limbes panachés de jaune (var. aucubaefolia (K. Koch) Rehd.). Le Frêne élevé de France (*Fraxinus excelsior* L.) a donné des formes également variées quant aux feuilles. Tous ces arbres se laissent tailler à volonté quant aux branches mais on a intérêt à leur garder le port naturel.

LIQUIDAMBAR ou COPALME D'AMERIQUE
(*Liquidambar styraciflua* L.)

Arbre atteignant 20 mètres en France (mais 45 mètres en Amérique), ordinairement traité en tiges ramifiées depuis la base. Pas de taille à appliquer, sauf nettoyage.

MICOCOULIER
(*Celtis australis* L.)

Arbre de 25 mètres de hauteur, ordinairement sur tronc haute tige. Pas de taille pour la couronne.

GLEDITSCHIA ou FEVIER D'AMERIQUE
(*Gleditschia triacanthos* L.)

Le Févier est un grand arbre (15 à 20 mètres) à feuillage finement divisé, gracieux et léger. Le type est redouté pour ses épines fortes et vulnérantes, armant même le tronc, mais il existe une variété inermis (L.) Zab. sans épines. L'espèce une fois formée n'a pas besoin de taille.

GINKGO
(*Ginkgo biloba* L.)

Le Ginkgo est un genre à part aux jolies feuilles caduques en éventail, jaunissant fortement à l'automne. Son tronc a tendance à monter en flèche et à se briser sous les orages ou les coups de vent, si l'arbre est planté en situation trop dégagée. La taille doit rester discrète, même si le branchement est, la plupart du temps, dégingandé.

HETRE POURPRE
(*Fagus sylvatica* L. 'atropurpurea' Kirchn.)

Le Hêtre pourpre d'ornement ne subit pas de taille. Il gagne même à être isolé sur une grande pelouse où les branches peuvent atteindre jusqu'au sol. On peut cependant supprimer sur l'empattement les branches éventuellement gênantes.

Hêtre pourpre.

MURIERS BLANC ET ROUGE
(*Morus alba* L., *Morus nigra* L.)

Espèces très rustiques atteignant 12 à 15 mètres de hauteur. Les pousses du Mûrier blanc du ver à soie étaient jadis rabattues tous les ans sur les branches charpentières, de manière à provoquer de jeunes rejets l'année suivante. Le Mûrier noir est moins concerné par la taille et gagne à rester libre : il produit une couronne imposante chargée de fruits chaque année.

NOYER NOIR D'AMERIQUE
(*Juglans nigra* L.)

Le Noyer noir atteint 30 mètres de haut. Il supporte mal les élagages qui ne doivent porter que sur des branches de faible diamètre, 8 à 10 cm au plus.

ORANGER DES OSAGES
(*Maclura pomifera* (Raf.) Schneid.)

Arbre dioïque haut de 12 mètres (sur tronc), à feuilles ovales, arrondies à la base et fruits gros comme des oranges, à surface verte mamelonnée. La couronne une fois formée n'est plus à tailler, sauf éclaircissage des branches in-ternes.

ORME
(*Ulmus campestris* Mill., *Ulmus glabra* Huds., etc.)

Croissant très rapidement dans leur jeunesse, les Ormes atteignent des dimensions imposantes et jouissent d'une grande longévité. L'Orme champêtre forme habituellement un grand arbre à longue tige droite et nue, à couronne fournie conique, formée de fortes branches ascendantes terminées par des rameaux rapprochés, garnis de ramules serrés, régulièrement distiques. On les laisse pratiquement sans taille. L'Orme de montagne (*Ulmus glabra* Huds.) a les branches étalées, à ramules flexueux, plus écartés et moins régulièrement distiques. La tige n'est point aussi élevée que celle de l'Orme champêtre. Il supporte mieux d'être intégré dans des bosquets. Pas de taille imposée.

PEUPLIER
(*Populmus alba* L. nivea, *Populus deltoides* Marsh., *Populus nigra* L., *Populus tremula* L.)

Les Peupliers atteignent rapidement l'état adulte mais ne vivent pas longtemps (40 à 50 ans). Les Peupliers blancs drageonnent facilement et doivent subir une taille d'émondage. Les Peupliers noirs drageonnent également et ont une tendance prononcée à se garnir de branches gourmandes. On peut les exploiter en têtards et par émondage. Chez le Tremble, les racines tracent et drageonnent au loin : même après que l'arbre a été coupé, des bourgeons dormants se réveillent et de nombreux drageons peuvent peupler le sol rapidement : ils n'ont aucune promesse de bonne venue adulte et doivent être supprimés.

PLATANES
(*Platanus occidentalis* L., etc.)

Arbres d'alignement et de places publiques atteignant 25 mètres et plus de hauteur. Dans les villes, on leur fait souvent subir des élagages excessifs et disgracieux, car ils supportent une taille sévère les réduisant au tronc. Laissés à eux-mêmes dans de grands parcs ou sur des allées spacieuses, ils prennent un grand développement qui ne manque pas d'allure. Les platanes supportent aussi d'être transplantés à racines nues, en sol frais, même lorsque le tronc atteint 20 à 25 cm de diamètre et même davantage.

Platanes centenaires.

PRUNIER DE PISSARD
(*Prunus cerasifera* Ehrh. var. 'Pissardii')

Les formes 'atropurpurea' et 'nigra', à feuillage très sombre, peuvent être traitées en hautes tiges ou demi-tige et produire beaucoup d'effet. On laisse leur couronne en forme libre, sauf à l'éclaircir légèrement de l'intérieur.

PTEROCARYA
(*Pterocarya fraxinifolia* (Lam.) Spach et *Pterocarya stenoptera* DC.)

Ces deux espèces, la première du Caucase, la seconde de Chine, produisent de superbes frondaisons jusqu'à 25 mètres de hauteur. Avec l'âge (une centaine d'années), leurs branches maîtresses se creusent et demandent une amputation sévère, qui les défigure en partie. Plus jeunes, ils supportent une taille de rabattage qui favorise la pousse de nouvelles branches. Les fruits de *fraxinifolia* ont des ailes arrondies, ceux de *stenoptera* des ailes étroites rappelant les fruits des érables.

SORBIERS

Plusieurs Sorbiers à baies rouges ou fruits gris sont intéressants.
Le Sorbier blanc ou Alouchier (Sorbus aria (L.) Crantz), aux fruits rouges farineux, est ordinairement sans tronc dénudé, mais garni de bas en haut de fortes branches latérales ; ou bien il forme une touffe à plusieurs troncs. Sa taille peut atteindre 14 mètres. Recépé, il repousse vigoureusement de souche et drageonne quelquefois. On lui laisse sa forme naturelle sans le soumettre à la taille.
L'Alisier (*Sorbus torminalis* (L.) Crantz) est une espèce forestière à fruits brunâtres à maturité, à feuilles lobées et dentées ressemblant un peu à celles de la vigne. Il admet un tronc dénudé plus que le précédent et repousse mal de souche.

Le Sorbier des oiseleurs (*Sorbus aucuparia* L.) a les feuilles composées pennées et les fruits en corymbes rouges. Très décoratif, on l'emploie en tronc avec couronne pour les alignements ou en tige branchée de bas en haut. La taille se réduit à nettoyer les couronnes du bois mal venu et à une légère aération. Près des chalets alpins, on peut former de superbes arbres atteignant 15 mètres de hauteur (Praz-sur-Arly près Megève).

Le Sorbier domestique ou Cormier, à petites poires utilisées pour les eaux-de-vie, atteint 20 mètres. Son tronc est bien droit et la couronne l'achève en cime pyramidale. On ne le soumet pas à la taille.

D'autres Sorbiers sont élevés pour l'ornement dans les villes et les parcs pour la beauté de leur feuillage ou de leurs fruits qui peuvent être rouges (*Sorbus fennica* (Kalm) Fries, *Sorbus latifolia* (Lam.) Pers.), jaunes (*Sorbus aucuparia* 'Joseph Rock', *Sorbus esserteana* Koehn var. 'flava'), blancs (*Sorbus discolor* (Maxim.) Maxim., *Sorbus hupehensis* Schneid.), ou rosés (*Sorbus vilmorinii* Schneid.). Ils sont traités en hautes tiges ou en bouquets buissonnants, dans la taille consiste seulement en nettoyage.

TILLEULS
(*Tilia cordata* Mill., *Tilia euchlora* K. Koch)

Les Tilleuls sont élevés sur hautes tiges et laissés en formes libres qui acquièrent souvent d'elles-mêmes une belle régularité. La taille consiste à supprimer les branches mortes et à éclaircir parfois la couronne.

Atlas

LES ARBRES PLEUREURS (non résineux)

BOULEAU PLEUREUR

Il existe au moins deux formes de Bouleaux pleureurs.
La première, *Betula pendula* roth. var. 'tristis', est la plus forte en végétation et monte en arbre atteignant 5 mètres. Elle forme en effet une flèche centrale : ce sont les rameaux secondaires qui sont retombants à partir des branches maîtresses. Leur avantage est surtout de garder les feuilles le plus longtemps sur l'arbre parmi tous les bouleaux. La variété fut primée en Angleterre en 1969 (Award of Garden Mérit). La taille doit rester discrète chez cette espèce dont toute la couronne est décorative.
La seconde forme, moins vigoureuse et plus franchement retombante même chez les branches maîtresses, se nomme *Betula pendula* 'Youngii' C. Schn. Elle reçut la même récompense anglaise en 1969. Avec l'âge, elle s'étale en parasol, surtout si on l'écime ou supprime les branches trop hautes. Sa ramification est très dense et on peut à la rigueur éclaircir l'intérieur de la couronne pour ne favoriser que les branches externes formant le pourtour de la salle d'ombrage.

CERISIERS PLEUREURS

Il existe plusieurs formes pleureuses de Cerisiers.
En blanc *Prunus avium* L. 'Pendula' offre des branches semi-pendantes assez raides. On se contente d'éclaircir légèrement l'intérieur de l'arbre s'il est trop touffu. On opère pareillement pour les deux espèces suivantes. *Prunus cerasifera* 'Atropurpurea' 'pendula' (Feketiana) a les branches pendantes, entremêlées, à feuilles vertes et fleurs blanches.
Prunus mahaleb L. 'Pendula' est un Cerisier de Sainte-Lucie à branches gracieusement arquées.

Prunus subhirtella Miq. 'Pendula' Rosea ou 'Pendula Rubra' est gracieux par son port pleureur à petites fleurs roses ou rouges. Sa vigueur permet d'en faire même des salles d'ombrage, en supprimant les branches orientées vers l'intérieur et en favorisant les externes fortement retombantes. Au Japon cette forme atteint jusqu'à 9 à 10 mètres de hauteur.

FRENE PLEUREUR
(*Fraxinus excelsior* L. 'Pendula' Ait, *Fraxinus angustifolia* Vahl. 'Pendula')

Le Frêne pleureur, facilement trouvable dans le commerce, se prête par sa végétation vigoureuse, aux salles d'ombrage sur pelouse. La première espèce se pratique surtout dans le Nord de la France, la seconde en secteur circumméditerranéen. Tailler les branches maîtresses en arceaux courts d'où partent les branches latérales retombantes.

HETRE PLEUREUR
(*Fagus sylvatica* L. 'pendula' Lodd. et 'purpurea pendula' Hort.)

La forme 'pendula' du Hêtre commun produit le plus colossal des arbres pleureurs. Celle à feuillage pourpre noir, dite 'purpurea pendula' est moins développée tout en étant vigoureuse. Les Hêtres pleureurs sont d'aspect plutôt pyramidal et gagnent à le rester. Leur port pittoresque, avec de longues branches arquées issues le long du tronc principal, n'appelle pas de taille particulière. Arbre à isoler sur pelouse.

MURIER PLEUREUR
(*Morus alba* 'pendula')

Le Mûrier pleureur rappelle le port du Frêne pleureur et se prête aux salles d'ombrage. On élimine sur l'empattement les branches orientées vers l'intérieur et l'on rabat court, chaque année, les jeunes branches qui se sont dirigées vers l'extérieur. Elles donneront de nouvelles pousses durant l'année, pouvant dépasser 2 mètres de longueur.

ORME PLEUREUR
(*Ulmus glabra* Huds. 'pendula' Rehd.)

L'Orme pleureur rappelle la silhouette et le feuillage du Mûrier pleureur. On le taille comme ce dernier en table pour les branches maîtresses, et l'on rabat les branches longues après l'hiver, en février ou début mars.

SAULES PLEUREUR

Il existe plusieurs sortes de Saules à l'aspect pleureur. Le plus courant, *Salix alba* L. 'vitellina pendula' Rehd. ou *Salix alba* 'tristis' Gaud. est le Saule pleureur à écorce jaune : il est à planter au printemps (fin février, début mars), avant qu'il ait commencé à bourgeonner. Sa hauteur peut atteindre 10 à 20 mètres. Ses branches souples et pendantes peuvent être laissées intactes, sauf à éclaircir l'arbre trop chargé ou déséquilibré où l'on peut scier l'une ou l'autre, en la raccourcissant plus ou moins.

Salix capraea L. 'pendula' est le Saule à chatons dont il existe une forme pleureuse. Il se taille après la floraison en rabattant court les branches ayant fleuri : elles émettent de nouvelles pousses durant l'été qui vont fleurir l'année suivante, au printemps.

Salix matsudana Koidu 'pendula' est un Saule tortillard aux rameaux plus ou moins pleureurs. Il peut atteindre de fortes dimensions et se conduire en arbre élevé à plusieurs troncs fourchus. Ses rameaux tortueux et pleureurs sont très décoratifs. Il supporte facilement la taille qui ne doit intervenir que pour équilibrer les branches maîtresses ou rajeunir l'arbre, au bout d'un certain nombre d'années.

Salix purpurea 'pendula' est une forme pleureuse où la taille doit rester discrète.

SOPHORA JAPONICA L. 'PENDULA'

Suit la taille du Mûrier pleureur. On conduit les branches maîtresses en table et l'on rabat chaque année, en février, les pousses de l'année précédente qui peuvent dépasser 2 mètres de longueur et sont toujours retombantes. Un nettoyage à l'intérieur de la couronne permet d'évider l'arbre en salle d'ombrage, quitte à tuteurer les charpentes trop longues à l'aide de supports en T.

Haie de Chênes verts taillés.

LES RIDEAUX D'ARBRES

Plusieurs espèces d'arbres se prêtent à la formation de murs ou rideaux de verdure, soit parce qu'ils croissent avec un branchement peu étalé ou franchement érigé, soit parce qu'on peut les soumettre à une taille en mur étoffé. Ces murs de verdure servent à faire des brise-vent dans le Midi (vallée du Rhone méridional) où l'on utilise plutôt des résineux (Cyprès), ou des rideaux anti-bruit entre les immeubles et les voies de grande circulation, ou encore, dans les parcs, des murs de verdure taillés le long des allées.

Nous citons ici une dizaine d'essences feuillues à grand développement.

ACACIA FASTIGIE
(*Robinia pseudoacacia* L. 'fastigiata' ou 'pyramidalis')

Cet arbre pousse en colonne grâce à ses branches érigées subverticales, dépourvues d'épines. Il a l'avantage de s'accroître rapidement et de ne pas demander de taille. Sa floraison blanche en mai-juin est décorative. Conseillé pour les rideaux anti-bruit. Distance de plantation : 1,50 à 2 mètres. Hauteur jusqu'à 10 mètres et davantage.

CHARME COMMUN PYRAMIDAL
(*Carpinus betulus* L. 'fastigiata' Jaeg. ou 'pyramidalis')

Cette forme est bien columnaire à l'état jeune, mais a tendance avec l'âge à s'élargir assez fortement. Une taille est donc nécessaire au bout de quelques années pour donner l'aspect d'un mur à l'alignement. Le bois dur nécessite des outils assez forts (scie pour les branches un peu fortes). Il existe une forme 'columnaris' plus étroite et plus lente en croissance, mais plus chère aussi à l'achat.

CHENE VERT
(*Quercus ilex* L.)

Le Chêne vert utilisé surtout dans les régions méridionales peut servir à former des murs de verdure sempervirente de grande taille. Il se laisse tailler à volonté, et son feuillage dense permet aussi de l'utiliser comme brise-vent. Son bois dur nécessite des outils en conséquence (scies pour les branches un peu fortes). Plateaux roulants pour les parties hautes !

ERABLES FASTIGIES

Les Erables possèdent plusieurs formes étroitement érigées. Il existe un Erable plane columnaire (*Acer platanoides* L. 'columnare') et un Erable sycomore fastigié (*Acer pseudoplatanus* L. 'fastigiata'). Les deux essences peuvent servir à former des alignements. Une légère taille peut maîtriser éventuellement les branches trop fortes avec l'âge.

HETRE FASTIGIE
(*Fagus sylvatica* Dawyck)

Le Hêtre fastigié, étroitement silhouetté à l'état jeune, devient plus ample avec l'âge et demande alors une taille de rectification comme le Charme pyramidal.

LAURIER SAUCE
(*Laurus nobilis* L.)

Le Laurier-sauce, dans les pays méditerranéens, peut monter en arbre et être taillé à volonté. Aux Jardins Boboli de Florence ou à la Villa Petraia de Castello (près Florence), le Laurier-sauce est taillé en murs de haies moyennement hauts ou très hauts, joignant leurs effluves aromatiques à l'effet toujours vert des feuilles. Il faut un outillage fort pour ces tailles et, si la haie dépasse 3 ou 4 mètres, un pont roulant est nécessaire pour mener à bien l'opération.

LAURIER-TIN
(*Viburnum tinus* L.)

Le Laurier-tin est un sempervirent qui peut atteindre plusieurs mètres de hauteur (jusqu'à 4 mètres) à l'état de mur vert soumis à la taille. On peut en voir des échantillons dans les jardins Renaissance de la Toscane (Jardins Boboli de Florence et Villa Petraia de Castello). La floraison, surtout hivernale, est en partie assurée malgré la coupe sévère des branches.

ORMES POUR HAIES

Plusieurs Ormes sont utilisables pour des haies élevées. *Ulmus angustifolia* West var. 'cornubiensis' Melville a les branches ascendantes et les feuilles ovales étroites, *Ulmus carpinifolia* Gleditsch possède également des formes à port érigé comme 'Dampieri', 'Sarniensis', 'Sarniensis Dicksonii', 'Wredei'. L'Orme de montagne (*Ulmus glabra* Huds.) a la forme columnaire 'Exoniensis' à l'état jeune, mais qui s'élargit avec l'âge comme le Charme pyramidal. Il faut tailler en conséquence si l'on veut garder l'effet de mur vert.

PEUPLIER D'ITALIE
(*Populus nigra* L. 'italica' ou 'pyramidalis')

Le Peuplier d'Italie est bien connu en alignement. Il peut former des rideaux extrêmement élevés et servir de brise-vent ou de rideau antibruit. La taille n'est pas nécessaire.

TILLEULS POUR RIDEAUX VERTS

Certains Tilleuls sont employés en rideaux verts. *Tilia platyphyllos* Scop. dans sa forme 'fastigiata' (= 'pyramidalis') a les branches érigées à l'état naturel, de même que *Tilia americana* L. 'fastigiata'. Mais les Tilleuls communs se laissent également tailler et sont souvent traités en murs verts, avec marquise ou double marquise qui sont des avancées de la partie haute du mur vert. Ils sont une des parures de l'Ile-de-France, très portée à ce genre de taille qui nécessite pourtant un fort outillage et des ponts roulants pour l'exécution.

LES RESINEUX

En principe, aucun conifère ne subit une taille de mise à fleurs ou de mise à fruits, mais on peut tout de même intervenir pour d'autres raisons. Pour les haies taillées et l'art topiaire, les cisailles vont de soi. Il faut cependant songer avec l'âge à élaguer l'une ou l'autre branche d'un Cèdre du Liban. Et même chez les petites formes de rocailles, on peut maîtriser la direction des rameaux étalés en supprimant judicieusement ceux qui sont mal orientés ou trop puissants. C'est une affaire de goût et de vigilance propre à chaque maître de maison.

INDEX

Les chiffres en caractères gras renvoient à la page où la plante est décrite ou illustrée de façon individuelle, les chiffres en caractères normaux à la page où la plante est citée.

Abelia 7, **47**
Abelia grandiflora **47**
Acacia à fleurs blanches **79**
Acacia boule **83**
Acacia dealbata **72**
Acacia fastigié **92**
Acacia retinioides Schlecht **72**
Acacia rose **79**
Acer campester **84**
Acer japonicum **85**
Acer monspessulanum **84**
Acer negundo **85**
Acer palmatum **85**
Acer platanoides **85**, **93**
Acer pseudoplatanus **84**, **93**
Acer saccharinum ou *Acer dasycarpum* **85**
Aesculus hippocastanum **81**
Aesculus pavia **81**
Aesculus X carnea = *Aesculus rubicunda* **81**
Agneau chaste ou Gattilier 21, **61**
Ajonc **61**
Akébia 9, 15, **34**
Akebia quinata **34**
Albizzia ou Arbre à la soie **80**
Albizzia julibrissin : *Acacia nemu* **80**
Alisier **87**
Amandier de Chine **61**
Amélanchier 23
Amelanchier canadensis **61**
Amélanchier du Canada **61**
Andromède 23
Arbousier **62**
Arbre à perruques 7, 12, **62**
Arbre aux anémones 23, **62**
Arbre de Judée 10, 13, **80**
Arbutus unedo **62**
Argousier 7, **62**
Aristoloche sipho **34**
Aristolochia sipho **34**
Aubépine 8, 38, 45
Aubépine à fleurs doubles rouges 10 13, **80**
Aucuba **48**
Aucuba japonica Thunb. **48**
Aulne à feuilles en cœur **83**
Alnus cordata **83**

Azalée 23, **63**
Baguenaudier 7, 14
Baguenaudier commun **63**
Berbéris 7, 13, 22, **48**, **63**
Berbéris (nain à feuillage persistant) 12
Berberis *calliantha* **63**
Berberis *candidula* **63**
Berberis *chenaultii* Chenault **48**
Berberis *darwinii* **63**
Berbéris de Thunberg 7, 14
Berberis *hookeri* **63**
Berberis *ilicifolia* **63**
Berberis *julianae* Schneid. **48**
Berberis *manipurana* Ahrendt **48**
Berbéris pourpre **38**
Berberis *thunbergii* **38**
Berberis *verruculosa* **63**
Berberis X *lologensis* **63**
Betula pendula **89**
Betula verrucosa **83**
Bignonia 22
Bois gentil **63**
Boule de neige **64**
Boule-de-neige des jardins 9
Bouleau **83**
Bouleau pleureur **89**
Bruyères **55**
Bruyère des neiges 7, **55**
Buddléia 7, 14, **48**
Buddléia commun 21
Buddleia davidii Franch. **48**
Buis 3, 8, 15, **39**, **45**
Buis de bordure **32**
Buis nain de bordure 6, 11, 12
Buisson ardent **64**
Buisson de beauté 7, **64**
Buxus sempervirens **32**, **39**
Caesalpinia gilliesii = *Poinciana gilliesii* **74**
Callicarpa 7, **64**
Callicarpa *bodinieri* **64**
Calluna vulgaris **55**
Calycanthus floridus **62**
Camellia **65**
Camellica *japonica* **65**
Camérisier **39**
Campsis grandiflora **37**
Campsis radicans **37**

Carpinus betulus **39**, **83**, **92**
Caryopteris 21, **65**
Caryopteris X *clandonensis* **65**
Catalpa 10, **80**
Catalpa *bignonioides* **80**
Catalpa *speciosa* **80**
Céanothe 21
Céanothe bleu "Gloire de Versailles" 7
Ceanothus **65**
Ceanothus X *delilianus* **65**
Ceanothus X *pallidus* **65**
Cèdre du Liban **94**
Cèdre pleureur 13
Cèdre pleureur de l'Atlas 10
Celtis australis **85**
Cercis siliquastrum **80**
Cerisier à fleurs doubles **80**
Cerisier à fleurs du Japon 10
Cerisier à grappes **80**
Cerisier fastigié *"Amanogawa"* 10
Cerisier pleureur **89**
Cerisier pleureur du Japon 10, 13, 21
Chaenomeles **39**
Chaenomeles *cathayensis* **66**
Chaenomeles *hybrides* **39**
Chaenomeles *japonica* **39**
Chaenomeles *speciosa* **66**
Chalef à ombelles 9
Chalef ou Olivier de Bohème **65**
Chamaecerasus nitida Hort. **39**
Charme 14, **83**
Charme commun pyramidal **83**, **90**
Charmille 8, 15, **39**, **45**
Chêne **84**
Chêne vert **84**, **93**
Chèvrefeuille 15, 22, **34**, **49**, **66**
Chèvrefeuille étalé 7
Chèvrefeuille grimpant 9
Chèvrefeuille pour haies 8
Chèvrefeuille rampant **55**
Chicot du Canada **84**
Chimonanthe 14
Chimonanthe précoce 7, 23, **66**
Chimonanthus praecox **66**
Choisya ternata **72**
Citronnier épineux **66**

95

Index

Clematis alpina **35**
Clematis jackmanii **35**
Clematis macropetala **35**
Clematis montana **35**
Clématite 15
Clématite de Jackman 9, 21, **35**
Clématite hybride à grandes fleurs 22, **35**
Clématite rose à petites fleurs 9, 22
Clerodendron 13, 21, **66**
Clérodendron de pleine terre 10
Clerodendron *trichotomum* **66**
Cognassier du Japon 7, 22, **39**, **66**
Colutea arborescens **63**
Copalme d'Amérique 10
Corète 22
Corète du Japon 7, **67**
Cornouiller **67**
Cornouiller blanc argenté 7
Cornouiller de Floride 9, 22
Cornouiller de Sibérie **49**
Cornouiller mâle 9, 10, 22
Cornus **49**
Cornus *alba* **49**
Cornus *florida* **67**
Cornus *kousa* **67**
Cornus *mas* **67**
Corylopsis 23, **67**
Corylopsis *pauciflora* **67**
Corylopsis *spicata* **67**
Corylus *maxima* **72**
Cotinus *coggygria* **62**
Cotoneaster 7, 12, 14, 23, **49**, **67**
Cotoneaster à feuilles de Saule 7
Cotoneaster *bullatus* **49**, **67**
Cotoneaster couvre-sol **55**
Cotoneaster *dammeri Schneid.* **67**
Cotoneaster *dielsianus Pritz.* **49**, **67**
Cotoneaster *divaricatus Rehd. et Wils.* **49**
Cotoneaster *franchetii Bois.* **49**, **67**
Cotoneaster *frigidus Wall.* **49**
Cotoneaster *henryanus* **49**
Cotoneaster *horizontalis* 13, **55**
Cotoneaster *lacteus W.W. Sm* **49**
Cotoneaster *moupinensis Franch.* **49**
Cotoneaster *pannosus Franch.* **49**
Cotoneaster *praecox* **55**
Cotoneaster *salicifolius Franch.* **49**, **67**
Cotoneaster *simonsii* **49**
Crataegus oxyacantha **38**, **80**

Cupressus arizonica Greene **40**
Cupressus sempervirens **40**
Cyprès 8, **40**
Cytise 7, 22
Cytise à grappes 9, 13, 23
Cytise Aubour **68**
Cytisus albus **68**
Cytisus prugans **68**
Cytisus scoparius **68**
Cytisus X praecox **68**
Daphne cneorum 7
Daphne mezereum **63**
Datura 14
Desmodium 21, **68**
Desmoduim penduliflorum = Lespedeza thubergii **68**
Deutzia 22, **68**
Deutzia *bicolor* **68**
Deutzia *gracilis* **68**
Deutzia hybride 7
Deutzia *scabra* **68**
Elaeagnus angustifolia **65**
Elaeagnus pungens **65**
Elaeagnus umbellatta thunb **65**
Epicea **40**
Epicéa pleureur 10
Epine du Christ 8
Epine-vinette 8, **38**
Erable **84**
Erable champêtre **84**
Erable de Montpellier **84**
Erable du Japon 12, **85**
Erable fastigié **93**
Erable lacinié **85**
Erable négondo **85**
Erable plane **85**
Erable pourpre du Japon 10, **85**
Erable sycomore **84**
Erica carnea **55**
Erica herbacea **55**
Evonymus europaeus **69**
Evonymus japonicus Thunb. **32**, **40**
Evonymus latifolius **69**
Fagus sylvatica **86**, **90**, **93**
Forsythia 7, 12, 22, 26, **50**
Forsythia *suspensa* **50**
Forsythia *X intermedia* **50**
Fragon **68**
Fragon ou Petit Houx 7
Framboisier 21
Fraxinus americana **85**
Fraxinus angustifolius **90**
Fraxinus aucubaefolia **85**
Fraxinus excelsior **85**, **90**

Fraxinus oregona **85**
Fraxinus ornus **80**
Fraxinus pennsylvanica **85**
Frêne **85**
Frêne à fleurs **80**
Frêne pleureur **90**
Fuchsia 14, **69**
Fuchsia *magellanica* **69**
Fusain **69**
Fusain du Japon 8, **40**
Fusain nain de bordure 6
Fusain nain du Japon **32**
Genêt d'Espagne 21, **69**
Germandrée arbustive **70**
Germandrée petit-chêne 6, **33**
Ginkgo **85**
Ginkgo *biloba* **85**
Gleditschia ou Févier d'Amérique **85**
Gleditschia *triacanthos* **85**
Glycine 9, **36**
Grenadier 9, 21
Groseillier à fleurs **70**
Groseillier à fleurs jaunes 22
Groseillier sanguin 22
Gymnocladus dioicus **84**
Hamamélis **70**
Hamamelis *virginiana* **70**
Hedera colchica **37**, **55**
Hedera dentato-variegata **37**
Hedera helix **36**
Hêtre fastigié **93**
Hêtre pleureur 13, **90**
Hêtre pourpre **86**
Hibiscus (Mauve en arbre) **50**
Hibiscus *rosa sinensis* **70**
Hibiscus Rose-de-Chine **70**
Hibiscus *syriacus* **50**
Hippophae rhamnoides **62**
Hortensia 7, 22, 27, **50**
Houx **40**, **45**
Houx commun 10
Hydrangea **70**
Hydrangea *aspera* **51**
Hydrangea *hortensis Sm* **50**
Hydrangea *paniculata* **51**
Hydrangea paniculé 21, **51**
Hydrangea *quercifolia* **51**
Hypericum 6
Hypericum *calcynum* **55**
Hypericum *frondosum* **71**
Hypericum *patulum* **71**
Hypericum *X moserianum* **71**
If 3, 8, 15, **41**, **45**
Ilex aquifolium **40**

96

Index

Jasmin blanc **36**
Jasmin d'hiver **36**
Jasminum nudiflorum **36**
Jasminum officinale **36**
Juglans nigra **86**
Kerria japonica **67**
Kolkwitzia amabilis **64**
Laburnum alpinum **68**
Laburnum anagyroides **68**
Laburnum X Watereri **68**
Lagerstroemia 21, 24, **70**
Lagerstroemia indica **70**
Laurier-cerise (Laurier-amande) 8, 14, **42**
Laurier-rose **71**
Laurier-sauce 9, 10, **42**, **93**
Laurier-tin **71**, **93**
Laurus nobilii **42**, **93**
Lespédéza 7, 21
Leycesteria 23, **71**
Leycesteria formosa **71**
Lierre 7, 15, **36**
Lierre d'Irlande **55**
Lierre panaché de Colchide **37**
Ligustrum vulgare **43**
Lilas 9, **52**
Lilas de Rouen **52**
Liquidambar ou Copalme d'Amérique **85**
Liquidambar styraciflua **85**
Liriodendron tulipifera **82**
Lonicera caprifolium **34**
Lonicera chrysantha **49**
Lonicera deflexicalyx **49**
Lonicera etrusca **66**
Lonicera Jacques **66**
Lonicera korolkowii **49**, 6**6**
Lonicera maackii **49**
Lonicera morrowii **49**
Lonicera nitida Wils. **39**
Lonicera pileata Oliver **55**
Lonicera tatrica **49**
Lonicera X amoena **49**
Lonicera X heckrottii **66**
Lonicera xylosteum **49**
Lyciet 21
Maclura pomifera 72, **86**
Magnolia d'été à grandes fleurs **81**
Magnolia de printemps 13, **81**
Magnolia de Soulange 9, **81**
Magnolia grandiflora **81**
Magnolia stellata **81**
Magnolia X soulangeana **81**
Mahonia 7, 8, 23, **52**
Mahonia aquifolia **52**

Malus coronaria **74**
Malus floribunda **74**
Malus purpurea **74**
Marronnier blanc **81**
Marronnier rouge **81**
Mauve en arbre 21, **50**
Micocoulier **85**
Millepertuis 6, 7, **71**
Millepertuis couvre-sol **55**
Millepertuis de Moser 21
Millerpuis *moserianum* 12
Mimosa des fleuristes **72**
Mimosa des quatre saisons **72**
Morus alba **86**
Morus alba "pendula" **90**
Morus nigra **86**
Mûrier pleureur **90**
Mûriers blanc et rouge **86**
Nerium oleander **71**
Nerprun *alaterne* **72**
Noisetier pourpre 12, **72**
Noyer noir d'Amérique **86**
Oranger des osages 72, **86**
Oranger du Mexique **72**
Orme **86**, **93**
Orme de montagne **86**, **93**
Orme de Virginie ou Ptelea **72**
Orme pleureur **90**
Osmanthus **73**
Osmanthus argenteo variegatus **73**
Osmanthus aureomarginatus **73**
Osmanthus delavayi Franch. **73**
Osmanthus heterophyllus **73**
Osmanthus purpureus **73**
Paenia suffruticosa **74**
Paliure épine-du-Christ ou Porte-Chapeau **73**
Paliurus spina christi **73**
Parrotia **73**
Parrotia persica **73**
Parthenocissus tricuspidata **37**
Paulownia **82**
Paulownia imperialis **82**
Pavot blanc de Californie **73**
Pernettya **73**
Pernettya mucronata **73**
Pervenche **7**
Petite Lavande officinale 6
Peuplier **86**
Peuplier d'Italie 14, **93**
Philadelphus coronarius **76**
Photinia **73**
Photinia serrulata **73**
Picea abies **40**

Pieris **74**
Pieris formosa **74**
Pieris japonica **74**
Pittosporum **53**
Pittosporum tobira **53**
Pivoine 28
Pivoine en arbre 7, 23, 28, **74**
Platane **87**
Platanus occidentalis **87**
Poinciana ou oiseau de paradis **74**
Polygonum auberti **37**
Polygonum baldschuanicum Regel **37**
Pommier à fleurs 13, **74**, **82**
Pommier à fleurs d'Aldenham 10, 8**2**
Pommier du Japon (Chaenomeles) 12
Pommier floribond 10
Pommier hybride "Everest" 9
Poncirus trifoliata **66**
Populmus alba **86**
Populmus destoides **86**
Populmus nigra **86**, **93**
Populmus tremula **86**
Potentilla fruticosa **75**
Potentille 23, **75**
Prunellier 8
Prunier **75**
Prunier à fleurs du Japon 23
Prunier de Pissard 12, **53**, **87**
Prunus avium **80**, **89**
Prunus cerasifera **75**, **87**, **89**
Prunus laurocerasus **42**
Prunus mahaleb **89**
Prunus padus **80**
Prunus pissardii **53**, **87**
Prunus serrulata **80**
Prunus spinosa **75**
Prunus subhiretlla **90**
Prunus triloba **61**
Prunus X blireana **75**
Ptelea trifoliata **72**
Pterocarya **87**
Pterocarya fraxinifolia **87**
Pterocarya stenoptera **87**
Pyracantha 8, 22, **44**, **75**
Pyracantha coccinea Roem. et cv **44**, **64**, **75**
Pyracantha rogersiana **64**,**75**
Quercus Bushii **84**
Quercus cerris **84**
Quercus coccinea **84**
Quercus ilex **84**, **93**
Quercus macranthera **84**

Index

Quercus palustris **84**
Quercus petraea **84**
Quercus rubra **84**
Quercus suber **84**
Raisin d'Ours 7
Renouée 15, 22, **37**
Renouée grimpante 9
Rhamus alaternus **72**
Rhododendron 23, 29, **76**
Rhododendron *japonicum* **63**
Rhododendron *molle* **63**
Rhododendron *obtusum* **63**
Rhododendron *ponticum* **76**
Rhus glabra **77**
Rhus typhina **77**
Ribes sanguineum **70**
Robinia hispida **79**
Robinia pseudoacacia **79**, **83**, **92**
Robinia semperflorens **79**
Robinia umbraculiefera **83**
Robinier fastigié 14
Robinier fastigié à fleurs blanches/roses 10, 22
Romneya coulteri **73**
Ronce à fleurs **76**
Rosiers **56**
Rosiers-buissons **58**
Rosiers grimpants 9, 15, **59**, **60**
Rosiers hybrides de Thé 7, 12, 21
Rosiers pleureurs 13, **60**
Rosiers polyanthas et floribundas 7, 12, 21, **58**
Rosiers Queen Elizabeth **56**
Rosiers sarmenteux 15
Rosiers-tiges 14, 21, 22, **58**
Rosiers Wichuraianas **60**
Rubus deliciosus **76**
Rubus odoratus **76**
Rubus tricolor **76**
Rubus X Tridel (Deliciosus X trilobus) **76**
Ruscus aculeatus **68**
Ruscus hypophyllum **68**
Salix alba "trisis" **90**
Salix alba "Vitellina pendula" **90**
Salix capraea **91**
Salix matsudana **91**
Salix purpurea **91**
Sambucus aurea **77**
Sambucus nigra **77**
Santolina chamaecyparissus **33**
Santoline 6, **33**
Saule pleureur 10, 13, 23, **90**
Saule tortillard 23
Séquoia pleureur 10

Seringat 7, 14, 22, **76**
Skimmia 23, **76**
Skimmia *japonica* **76**
Sophora *japonica L. "Pendula"* **91**
Sophora pleureur 10, 13, **91**
Sorbaria **53**
Sorbaria *arborea* **53**
Sorbaria *sorbifolia* **53**
Sorbier blanc ou Alouchier **87**
Sorbier des oiseaux pleureur 10
Sorbier des oiseleurs 10, **88**
Sorbier domestique (ou Cormier) **88**
Sorbus aria **87**
Sorbus aucuparia **88**
Sorbus discolor **88**
Sorbus esserteana **88**
Sorbus fennica **88**
Sorbus hupehensis **88**
Sorbus latifolia **88**
Sorbus torminalis **87**
Sorbus vilmorinii **88**
Spartium junceum **69**
Spiraea cantoniensis **54**
Spiraea douglasii **54**
Spiraea prunifolia **54**
Spiraea X bumalda **54**
Spiraea X vanhouttei **54**
Spirée 7, 12
Spirée à feuilles de Saule 21
Spirée bouton d'argent 22
Spirée bumalda 12, **54**
Spirée de Canton 22, **54**
Spirée de Thunberg 22
Spirée de Van Houtte 22
Spirée de Waterer 12, 21, **54**
Spirée du Japon 21
Spirée prunifolia 22
Spirées en arbustes **54**
Staphylea colchica **76**
Staphylea pinnata **76**
Staphylier 9, 23, **76**
Sumac 10, 21, **77**
Sureau 12, **77**
Sureau noir 21
Symphoricarpus albus **54**
Symphorine 21, **54**
Syringa josikaea **52**
Syringa laciniata **52**
Syringa microphylla **52**
Syringa reflexa **52**
Syringa tomentella **52**
Syringa vulgaris **52**
Syringa X chinensis **52**
Syringa X josiflexa **52**

Tamaris 9, **77**
Tamaris d'été 21, **77**
Tamarix parviflora **77**
Tamarix pentadra **77**
Tamarix ramosissima **77**
Tamarix tetrandra **77**
Taxus baccata **41**
Teucrium chamaedrys **33**
Teucrium fruticans **70**
Thuya 8, **43**
Thuya *occidentalis* **43**
Thuya *plicata Don* **43**
Thym farigoule 6
Tilia americana **93**
Tilia cordata **88**
Tilia platyphyllos **93**
Tilleul **88**, **93**
Troène 8, **43**
Trompette de Virginie 9, 21, 25
Tulipier de Virginie **82**
Ulex europaeus **61**
Ulmus angustifolia **93**
Ulmus campestris **86**
Ulmus carpinifolia **93**
Ulmus glabra **86**, **93**
Ulmus pendula **90**
Viburnum C carlcepahlum **77**
Viburnum carlesii **77**
Viburnum macrocephalum **77**
Viburnum opulus **64**
Viburnum rhytidophyllum **54**
Viburnum tinus **71**, **93**
Viburnum tomentosum **77**
Vigne-vierge de Veitch 9, **37**
Vigne-vierge du Canada 22
Viorne 7, 14, **77**
Viorne à feuilles chagrinées 8, **54**
Viorne à feuilles gaufrées **54**
Viorne tin **54**
Vitex agnus-castus **61**
Weigelia 7, **78**
Weigelia *florida* **78**
Wisteria sinensis **36**
Yucca 23, 29

TABLE DES MATIERES

	Pages
LES DIFFERENTES SORTES D'ARBUSTES D'ORNEMENT	5
OU EMPLOYER LES ARBUSTES D'ORNEMENT ?	11
L'OUTILLAGE	16
LA TAILLE	21
L'ATLAS	31
LES PLANTES DE BORDURE	32
LES PLANTES GRIMPANTES	34
LES HAIES TAILLEES (haies, cabinets de verdure, labyrinthes) FEUILLUS ET RESINEUX	38
L'ART TOPIAIRE (silhouettes, personnages, animaux et imitation de motifs d'architecture)	45
LES HAIES LIBRES	47
LES PLANTES COUVRANTES	55
LES ROSIERS	56
LES ARBUSTES DECORATIFS (sauf résineux)	61
LES ARBRES A FLEURS	79
LES ARBRES A FEUILLAGE (sauf pleureurs)	83
LES ARBRES PLEUREURS (non résineux)	89
LES RIDEAUX D'ARBRES	92
LES RESINEUX	94
Lexique	95

Dessins : Pierre NESSMANN

Crédit photographique :
S.A.E.P. / J.L. SYREN : p. 2 - p. 4 - p. 7 droite - p. 8 - p. 9 droite - p. 16 - p. 17 - p. 18 - p. 19 haut - p. 20 - p. 22 - p. 30 - p. 32 - p. 36 - p. 39 - p. 43 - p. 44 - p. 49 - p. 50 haut - p. 52 - p. 58 haut - p. 60 - p. 66 haut - p. 67 - p. 71 - p. 77 haut - p. 79 - p. 83 - p. 84 - p. 86 - p. 94. P. NESSMANN : p. 5 - p. 6 - p. 7 gauche - p. 9 gauche - p. 10 - p. 11 - p. 14 - p. 19 bas - p. 23 - p. 34 - p. 35 droite - p. 37 - p. 38 - p. 46 - p. 48 - p. 50 bas - p. 51 - p. 53 - p. 54 - p. 56-57 - p. 58 bas - p. 61 - p. 62 - p. 64 - p. 65 - p. 68 - p. 69 - p. 70 - p. 72 - p. 75 - p. 76 - p. 77 bas - p. 78 - p. 82 - p. 89 - p. 90. R. FRITSCH : p. 12 - p. 13 - p. 15 - p. 35 gauche - p. 40 - p. 41 - p. 42 - p. 45 - p. 47 - p. 59 - p. 63 - p. 66 bas - p. 74 - p. 80 - p. 81 - p. 87 - p. 88 - p. 91 - p. 92.

© S.A.E.P., 1990
Dépôt légal 1er trimestre 1990
n° 1 682

ISBN 2-7372-3306-2

Imprimé en C.E.E.